基督教文化研究丛书

主编 何光沪 高师宁

十编 第 3 册

以信行事：后现代语境的宗教信仰含义（上）

毕聪聪 著

花木兰文化事业有限公司

国家图书馆出版品预行编目资料

以信行事：后现代语境的宗教信仰含义（上）／毕聪聪 著 ——
初版 —— 新北市：花木兰文化事业有限公司，2024〔民113〕
目 6+154 面；19×26 公分
（基督教文化研究丛书 十编 第3册）
ISBN 978-626-344-616-8（精装）
1.CST：信仰 2.CST：宗教学
240.8   112022495

ISBN-978-626-344-616-8

基督教文化研究丛书
十编　第三册　　　　　　　　ISBN：978-626-344-616-8

以信行事：后现代语境的宗教信仰含义（上）

作　　者 毕聪聪
主　　编 何光沪、高师宁
执行主编 张　欣
企　　划 北京师范大学基督教文艺研究中心
总 编 辑 杜洁祥
副总编辑 杨嘉乐
编辑主任 许郁翎
编　　辑 潘玟静、蔡正宣　美术编辑 陈逸婷
出　　版 花木兰文化事业有限公司
发 行 人 高小娟
联络地址 台湾 235 新北市中和区中安街七二号十三楼
　　　　 电话：02-2923-1455／传真：02-2923-1452
网　　址 http://www.huamulan.tw 信箱 service@huamulans.com
印　　刷 普罗文化出版广告事业
初　　版 2024 年 3 月
定　　价 十编 15 册（精装）新台币 40,000 元

以信行事：后现代语境的宗教信仰含义（上）

毕聪聪 著

作者简介

毕聪聪，江苏徐州人，1994 年生。分别就学于南京师范大学、四川大学，获得哲学学士、硕士、博士学位。在《哲学与文化》《宗教学研究》《社会科学研究》《都市文化研究》等刊物发表论文十余篇，合著有《20 世纪法国主体哲学研究》（四川大学出版社 2019 年版）。通晓 5 种古典语言和 12 种现代语言，致力于宗教哲学、伦理学、生命哲学等方面的探索。译者、编辑。现供职于四川师范大学哲学学院。

提　　要

目前，人类宗教生活以宗教实体的多元性、信仰形式的繁复性以及宗教诠释的解构性为主要特征，这反映了当代信仰领域的混杂状态。信仰的神圣性与多元性、繁复性、解构性等特征浸透后现代的社会生活及思想观念，它们直接决定了人如何行事。因此，在后现代语境下诠释宗教信仰，建构一种新的、基于理智的、宗教哲学的言说方式，成为一个无法绕行的问题。

本文从宗教信仰样态及其诠释方式多元这一现象入手，力图从后现代社会生活及语境中揭示该现象的成因，阐述研究视角与方法切换的必要性，并在此基础上陈述后现代语境中宗教信仰的概念、核心、结构及特征，特别是从体验、认知、行为三个层面揭示宗教信仰的三层含义——信心、信念、信从，对宗教信仰问题进行哲学反思。宗教信仰的信心、信念、信从三要素既有科学的方面，又与神圣根本关联，它们在本体范畴、关系范畴、生存范畴、认识范畴具有不同含义，其中任一点都不可消解。且在历史的差别中，宗教信仰的基本结构得到其他要素的增益和补充，智、器物、声响成为个别宗教的独特内容。

这样，后现代境况对人们的最大启发就是伦理性的：人要在谦卑中坚定追寻神圣的勇气；在对多元、繁复、解构的接受中，使之自然融入哲学与神学。

"基督教文化研究丛书"总序

何光沪　高师宁

基督教产生两千年来，对西方文化以至世界文化产生了广泛深远的影响——包括政治、社会、家庭在内的人生所有方面，包括文学、史学、哲学在内的所有人文学科，包括人类学、社会学、经济学在内的所有社会科学，包括音乐、美术、建筑在内的所有艺术门类……最宽广意义上的"文化"的一切领域，概莫能外。

一般公认，从基督教成为国教或从加洛林文艺复兴开始，直到启蒙运动或工业革命为止，欧洲的文化是彻头彻尾、彻里彻外地基督教化的，所以它被称为"基督教文化"，正如中东、南亚和东亚的文化被分别称为"伊斯兰文化"、"印度教文化"和"儒教文化"一样——当然，这些说法细究之下也有问题，例如这些文化的兴衰期限、外来因素和内部多元性等等，或许需要重估。但是，现代学者更应注意到的是，欧洲之外所有人类的生活方式，即文化，都与基督教的传入和影响，发生了或多或少、或深或浅、或直接或间接，或片面或全面的关系或联系，甚至因它而或急或缓、或大或小、或表面或深刻地发生了转变或转型。

考虑到这些，现代学术的所谓"基督教文化"研究，就不会限于对"基督教化的"或"基督教性质的"文化的研究，而还要研究全世界各时期各种文化或文化形式与基督教的关系了。这当然是一个多姿多彩的、引人入胜的、万花筒似的研究领域。而且，它也必然需要多种多样的角度和多学科的方法。

在中国，远自唐初景教传入，便有了文辞古奥的"大秦景教流行中国碑颂并序"，以及值得研究的"敦煌景教文献"；元朝的"也里可温"问题，催生了民国初期陈垣等人的史学杰作；明末清初的耶稣会士与儒生的交往对话，带来了中西文化交流的丰硕成果；十九世纪初开始的新教传教和文化活动，更造成了中国社会、政治、文化、教育诸方面、全方位、至今不息的千古巨变……所有这些，为中国（和外国）学者进行上述意义的"基督教文化研究"提供了极其丰富、取之不竭的主题和材料。而这种研究，又必定会对中国在各方面的发展，提供重大的参考价值。

就中国大陆而言，这种研究自 1949 年基本中断，至 1980 年代开始复苏。也许因为积压愈久，爆发愈烈，封闭越久，兴致越高，所以到 1990 年代，以其学者在学术界所占比重之小，资源之匮乏、条件之艰难而言，这一研究的成长之快、成果之多、影响之大、领域之广，堪称奇迹。

然而，作为所谓条件艰难之一例，但却是关键的一例，即发表和出版不易的结果，大量的研究成果，经作者辛苦劳作完成之后，却被束之高阁，与读者不得相见。这是令作者抱恨终天、令读者扼腕叹息的事情，当然也是汉语学界以及中国和华语世界的巨大损失！再举一个意义不小的例子来说，由于出版限制而成果难见天日，一些博士研究生由于在答辩前无法满足学校要求出版的规定而毕业受阻，一些年轻教师由于同样原因而晋升无路，最后的结果是有关学术界因为这些新生力量的改行转业，后继乏人而蒙受损失！

因此，借着花木兰出版社甘为学术奉献的牺牲精神，我们现在推出这套采用多学科方法研究此一主题的"基督教文化研究丛书"，不但是要尽力把这个世界最大宗教对人类文化的巨大影响以及二者关联的方方面面呈现给读者，把中国学者在这些方面研究成果的参考价值贡献给读者，更是要尽力把世纪之交几十年中淹没无闻的学者著作，尤其是年轻世代的学者著作对汉语学术此一领域的贡献展现出来，让世人从这些被发掘出来的矿石之中，得以欣赏它们放射的多彩光辉！

2015 年 2 月 25 日
于香港道风山

目

次

下　册

绪 论

"荒谬"大抵可用来描述严谨地谈论信仰这件事。因为信仰一旦被言说，就在"信仰"处中止；而"信仰"一有消失的苗头，前者就悄然出现。这一幕无疑是戏剧性的，好似游戏嬉闹时躲避"鬼魂"的孩童，[1]信仰总是那个注视者眼中的得胜者——它在暗中开始动作，又在目光之余靠停。笛卡尔用"我思故我在"（Cogito ergo sum；Je pense, donc je suis）描绘注视者，此时理性因目光与对象的在场而在场；信仰则不同，它如躲避者孩童，在侧旁嬉戏、喧闹。所以，每当扮演理性的"鬼魂"睁开双眼，信仰就如雕塑般，以对象化的方式躲避它的探查；而"鬼魂"一转身，信仰便在内在的生命场域中涌动、雀跃。因此，以对象的存在确立自身在场的理性难以追随活生生的、流淌着的信仰，它的目光通常被他者的踪迹吸引；这踪迹，即还原他者存在事态和图景的可能及盼望。

事实上，信仰总以"我所见非我"（Quod videbo non sum）的言说[2]反对理性的自大和独断，同时它长久注视并伫立在理性之侧。就此而言，信仰被言说时的停滞并非是悖谬的，它是理性对信仰密切关注时信仰对"永远在场"的慌乱——人的有限无法承载永远在场的权能。这样，在理性探寻信仰之踪迹、在信仰回忆自身时，人都在步步趋近神圣之所[3]：理性言说信仰，成了信仰在理

1　在孩童的游戏"木头人（石头人）"中，扮演"鬼魂者"说出"一二三，木头人（石头人）"并转身后，那些没有定住身形、保持安静且被发现的玩家，便输了游戏。

2　"我所见非我"是人的自我意识诞生时的场景。此时，人从"我所见即我"的认知模式中出离，又未达成"我非我所见"的确立。我在我所见的阴影，即我所见与我共在的处境或生存场景之中。他者在场，且他者规定了自我的生成。在人的意识领域，理性和信仰的不断生成仍以这样的方式或快或慢地进行着。

3　神圣的含义无论是对神还是对人都在下面这段话中得到了强调。"神圣的主对人

—1—

性中为"涌现"所作的暗蓄和预备；而一旦理性停止不前，隐约如"鬼魂"的信仰就会逐步消亡在踪迹之中。所以，信仰如孩童欢快地跳，理性如鬼魂认真地找，言说信仰，成为描述这一事件的深刻的宗教哲学之主题。

一、选题背景和选题意义

在宗教研究的诸多具体领域，信仰问题都不可忽视，它是一切宗教关注的出发点[4]。不同时代、不同话语背景下的信仰内涵常在常新，宗教言说及其反思构成统绪，宗教时常与信仰同义。因而，无论是从神学角度出发，还是以哲学视角切入，抑或在历史学、社会学、民俗学、人类学、心理学等层面进行分析，宗教研究都以信仰为中心对象。其结果是，各式各样的研究理念、体系形成了以信仰为中心的意义场，这意义场覆笼宗教。

然而，被如此描述、分析、解释甚至重构的信仰，其含义始终未能如人预料般完全展现。因其现实性和超越性，信仰在一切信者和研究者面前（即神圣和理智两个层面）都是未解明的。所以，在世俗化和多元化的背景中，尤其当宗教回归成为一种显著现象的时候，在开放的思想环境中重新考察"信仰"的具体内涵极为重要：解释学话语体系下的信仰已不再是特定时空、特定宗教的信仰，这种信仰在不断对话中持续构成自身，此即后现代语境下的信仰（即后现代信仰）。如赫施尔（Abraham Joshua Heschel）所言："信仰是不同宗教之间对话的首要的、最重要的先决条件。不同宗教间的对话必须自深处诞生，而不是出自缺乏信仰的虚无。它不是一个为那些半知半解和精神上不成熟的人的事业。"[5]新的宗教状况呼唤更成熟、更理性、更开放的心灵，这些心灵在诸神圣中寻求更深刻、更融贯的领会和解释。因此，以哲学的视角考察当代宗教研

说，'看着，我是纯洁的，我的居所是纯洁的，我的祭司是纯洁的，我赋予你们的灵魂也是纯洁的。如果你们将灵魂以同样的纯洁归还于我，这很好；否则，我将当着你们的面毁掉它。"（《大利未记》，18：1）亚伯拉罕·柯恩：《大众塔木德》，盖逊译，山东大学出版社 2004 年版，第 27 页。

4　狄德罗的说法是，"世上有多少种信仰，就有多少种宗教"。（狄德罗：《哲学思想录》，罗芃、章文译，上海译文出版社 2021 年版，第 65 页。）何光沪则认为，"宗教的语义、史实和关于宗教的各种理论都表明，宗教的核心，乃是对神或上帝的信仰"。（何光沪：《多元化的上帝观：20 世纪西方宗教哲学概览》，中国人民大学出版社 2009 年版，第 6 页。）金泽也指出，信仰是宗教理论研究的逻辑起点。（参见金泽：《宗教学理论新探》，商务印书馆 2022 年版，第 1-3 页。）

5　Abraham Joshua Heschel, "No Religion Is an Island", *Union Seminary Quarterly Review*, Vol. 21, 1966, p. 123.

究，尤其是多元视域下不断冲突、融合的信仰研究，成为人们重新言说"信仰"的关键，它直接关乎人们的内在生活、宗教实践和研究活动。理智的自省、审美的体验、社会层面的交往都为信仰所联结，信仰不再以学问的样态单独出现，它反倒成了人的生活事件。不只作为对象被觉知，信仰在诠释自身含义的同时构成自身，它呈现在一般生命的各处。由此，再领会、再诠释信仰的含义成为基本的生命要求，它关乎人之存在的超越与意义建构。

在传统的有关信仰的研究中，哲学惯于作为内嵌或内在的方法被运用于宗教典籍或教理教义的阐述和辩难。按亚伯拉罕宗教传统，前一形式通常以圣经诠释学（或解经学）的方式呈现，后一形式则多表现为护教学。其中，圣经诠释学在广义上是以圣书为中心进行诠释的学问，它生产出一个神圣观念的多层次聚集体，本原的神圣观念（天启的或非天启的）在文本的诠释中被不断释放、消解、吸收，它是被接受的、驳杂的、属人的观念集合。因而，解经学自身是信仰的产物，它以神圣意志的转译和传达为使命，而解经作为诠释的事件，是信仰之道的具化表现。与之相较，护教学侧重义理的辩难和争论，它试图以激烈的、碰撞的甚至争战的方式澄明神圣的本真含义。此时，相争的对象更多是异样的、不适的而非惊奇的、神秘的，一种对自我的情绪性确定会远超过对他者的客观评断。因此，护教学总带有智术（σοφιστεία, sophistry）的色彩，其中因辩论术和修辞术产生的误解和摆弄明显胜过纯粹的真理性追求，垄断和戏弄乃是争胜者的权力游戏。所以，护教学在信仰的层面通常被视作论争性的、保守的话语，它的使命是延续特定解释传统。在实践意义上，护教者与传道人共同承担着宣讲信仰之道的责任。

与此同时，需注意的是，一般性地宣讲神的旨意同深刻理解神意的奥秘在信念层面具有同等的重要性。所以专司思辨的神学家（护教者与传道人有时共享这一身份）、在静默中领会神意的苦修者以及仍保有预言能力的先知，在神圣信念的解释层面，应该受到同样的重视。其根源在，一旦深刻的转变发生，那么这转变一定是极为内在的、革命性的甚至他性的，它具有哲学的情态。毕竟，哲学对信仰研究的最大贡献在于：它绝不会囿于某种成见而习惯性地排斥其他能引发自身改变的因素；恰恰相反，在对他者现身和自身异动的考察中，哲学向奥秘性的、深渊般的神圣敞开。所以，一种有关信仰的哲学研究大抵与神学相关，在历史神学、圣经神学、系统神学、实践神学的总体划分中，它主要集中在圣经神学、系统神学和实践神学那里。但宗教哲学毕竟不等同于特定的神学，它对神圣智慧的追求胜过了神圣真理。因此，即便在后现代语境中，真理的崩溃和消解可能带来上帝的死亡或者神明的陨灭，但神圣的智慧仍然存在，它以涌动的、碎片化的、浸入的方式复归到信仰之中。宗教哲学，正在成为一种新的信仰解释的传统。

而在历史视野中，宗教哲学多诞生于思想、文本的交互解释和辩难。所谓"经文辩读"，即文化接触和思想碰撞的自然结果。中国学者的"章疏""格义"和"判教"都与印度佛教的传入相关。概言之，"章疏"是"引用中国古典著作的语句和固有思想来注解原文，作出中国化诠释"；"格义"是"用中国固有哲学的概念、词汇和观念来比附和解释印度佛教经典及其思想""量度经文、正明义理"；"判教"则是"对印度佛教各类经典进行统一安排，确定次序的先后和教理的深浅，并且把本宗所尊奉的经典置于最高的位置"。如此一来，"中国佛教"才能在中国语境中达致种种"会通"之境地。所以，明代僧人释镇澄的《道德经集解》早已不仅是"以佛解老"，却是将儒释道相互勾连："孔子尚仁义，助吾戒；老子尚至虚，助吾定；庄子尚玄释，助吾慧"；从而佛家之"戒定慧"三境，分别贯通了"仁义""至虚"和"玄释"。[6]然而，"经文辩读"的出现并不意味着宗教哲学无法自然诞生于特定宗教的传统中，恰恰相反，任何缺乏哲学维度的宗教都是不值得托付的。宗教传统的延续根植于理智与奥秘性神圣的交通，这在佛教中表现为慧学包含宗教哲学，在印度教中呈现为数论和正理论对吠檀多派的补充，在伊斯兰教中则表达为从《古兰经》到圣训再到教法的神学诠释。所以，佛教所谓"如理作意"，从普遍的角度看，可被视作一种扩大了内涵的阿毗达摩，即万法之宗教哲学；而亚伯拉罕诸宗教的释经传统[7]，在对神圣话语的不断历史性注解中，实在成就了理智的宗教—哲学解释学。由此，宗教哲学是复兴性的。

事实上，20世纪后半叶，宗教学界开始更多承认与"描述性方法"（descriptive method）并列的"规范性方法"（normative method）的价值，并将"哲学方法"列为宗教学的主要方法之一。这在学术界导致了强调理解的宗教哲学（philosophy of religion）的兴盛，甚至导致从神学上探讨不同宗教内涵

6 参见杨慧林：《"经文辩读"中的思想对话》，《社会科学战线》2019年第8期，第195-199页。
7 这种传统甚至可以是跨文本或类文本的，可参见 F. E. Peter, *Judaism, Christianity and Islam: The Classical Texts and Their Interpretation*, Princeton: Princeton University Press, 1990.

的一门新学科即"诸宗教神学"（theology of religions）的出现。[8]典型的例子是，斯威德勒扩大了"神学"一词的用法，赋予其超出自身传统的含义，并将之与哲学结合起来。在学问形态方面，此"神学"是关乎神圣的宗教哲学。

　　具体言之，斯威德勒认为，仅凭"哲学"无法呈现神圣的隐秘和信仰的奥妙，因为传统哲学只考虑理性智慧，忽略了宗教传统中的其他智慧——如《圣经》、《古兰经》、《吠陀经》等"圣书"中的天启智慧和历史智慧，而后者是神圣智慧必不可少的构成要素。所以，唯独"神学"一词能将这些智慧恰如其是地包含其中。在根本上，神学是智慧性的，因此斯威德勒的这种"神学"实际预设了"人学"的基础——很大程度上是因为人无法首先为神圣者一方定立研究的基础——即概念、范畴、语言、形象，它必须建立在共同人性的基础之上。"我们能在多大程度上用这种'以人性为基础的'语言谈论一种宗教或意识形态的洞见，我们就会在多大程度上建设一种'关于宗教—意识形态的普世神学'。我们必须在表达自己的宗教和意识形态的洞见时，努力使用'自下而上'的语言，即来自人性的语言，而不使用'自上而下'的语言，即来自超越者或神圣者角度的语言。稍稍变一下方向来说，我们必须努力发展一种'神学'语言，它是'从内向外'的，而非'从外向内'的……我们必须学习用内在的术语、形象和范畴等等来谈论超在者。这种新的'自下而上''从内向外'的语言，内在论而非超在论的语言，可称为一种神学—意识形态的'世界语'。"[9]何光沪采用"全球宗教哲学"这一术语作为其理念体系的名称，并为它的"全球性""宗教性"和"哲学性"分别作了论证，其意也在建立一种普遍性的宗教哲学。[10]

　　所以，宗教哲学在根本上是非中心化的，它支持以一种比较的、对话的、多元的立场考察诸宗教现象、神学思想的发生和演变。当各宗教的对话者或由于考虑平等原则，或由于担心本教人士指责其"放弃立场"，而拒绝采用其他宗教的象征体系或术语系统时，一种非宗教的术语系统——现代哲学的术语

8　参见何光沪：《宗教对话问题及其解决设想》，《国外社会科学》2002 年第 6 期，第 2-9 页。

9　L. Swidler, *After the Absolute*, Minneapolis: Fortress Press, 1990, p. 20.转引自何光沪：《关于宗教对话的理论思考》，《浙江学刊》2006 年第 4 期，第 51 页。

10　参见何光沪：《关于宗教对话的理论思考》，《浙江学刊》2006 年第 4 期，第 47-55 页；何光沪：《百川归海：走向全球宗教哲学》，中国社会科学出版社 2008 年版，第 4-26 页。

系统最适合充当这种"共同语言"。原因有二：其一，它是所有学科之中惟一讨论宇宙本原、人生要义等宗教关注的基本问题的学科；其二，它是惟一既与传统宗教保持距离，又能为所有具备现代学养的人所理解的语言。所以，在涉及教义理论的深层对话中，采用现代哲学术语来诠释和转述自身的理论观点，无疑会有助于摆脱自说自话的困境。这不但可以让对话有效进行，而且能使之逐步深入，进而达到相互理解的目标。[11]由此，宗教哲学的兴起成为后现代宗教复兴和神学回归的前提。

在方法论层面，缪勒将"比较"作为宗教学研究和书写的必要方式。他认为，"一旦世界上所有宗教的最深刻基础都变得一目了然并得到修复，人们就可能认识到，恰恰是这些基础可以再次得到利用，就像我们古老大教堂下的墓室和地下室一样，可以作为某些人（无论执着什么样的信条）渴望得到比他们命中注定必须在今世执行的日常献祭、服务和宣道中所得到的更好、更纯洁、更真实东西的避难所。那些已经放弃幼稚事物的人尽管把它们称作家谱、传奇、奇迹或神谕，但他们不能放弃内心童稚般的信仰"[12]。信仰本身是纯粹的，作为生命的重大事件，它一旦在生活世界中发生，与之相关的独断且封闭的言论就要被摒弃。换言之，在信仰—神圣这一研究主题上，那种区别于传统的宗教哲学要去打破宗教的固执和哲学的傲慢，在理智和非理智的层面，将最深刻的宗教基础置于生命的前景中。

是故，在缪勒的基础上，潘尼卡（Raimon Panikkar）提出了一种"内比哲学"（imperative philosophy），以实现从比较哲学到对话哲学的转换。[13]潘尼卡认为，宗教对话必须是真正宗教性的，而不仅仅是教义的交流或理智见解的交流，深刻的宗教基础并不以一致同意为自身的目的。对话是从我的宗教态度之深层，向我的对话伙伴的同一深层行进[14]，它与神圣的内在性相通。如斯威德勒所言，宗教对话在三个领域进行："'实践领域'，我们在这个领域合作以求帮助人类；'灵性'领域，我们在这个领域尝试从内部去体验对话伙伴的宗教

---

11 参见何光沪：《宗教对话问题及其解决设想》，《国外社会科学》2002 年第 6 期，第2-9 页。

12 麦克斯·缪勒：《宗教的起源与发展》，金泽译，上海人民出版社 1989 年版，第264 页。

13 详细分析可参见思竹：《从比较哲学到对话哲学：寻求跨宗教对话的内在平台》，《浙江学刊》2006 年第 1 期，第 31-36 页。

14 参见 R. Panikkar, *The Intra-religious Dialogue*, New York: Paulist Press, 1978, p. 50.

或意识形态；'认识'领域，我们在这个领域寻求理解和真理。"[15]所以，有关信仰的宗教哲学研究对释经学、灵修学、伦理学甚至神智学（θεοσοφία，theosophy）[16]的领域都有所涉猎，它是一种普遍而复杂的学问的纵深。

在圣典的诠释层面，宗教哲学支持以经文辩读（scriptural reasoning）（或比较经学）的方式言说信仰。[17]其中，信仰之道在不同神圣文本中被重新解读。这种新的诠释呈现多中心化特征，不同文本交织呈现，却不预设意义层面的一致性或真理性。所以，这种阅读是真正跨文本的，[18]它以神圣的自然、多样呈现为目的。而在义理的阐述和辩难方面，宗教哲学支持一种比较神学，如沃德（Keith Ward）所言："比较神学必须是一个自我批判的学科，觉察到自己信仰的历史根源；一个多元化的学科，准备致力于同其他宗教传统进行对话；以及一个开放的学科，准备在必要的时候修正自己的信仰。"[19]信仰作为神圣的事件发生，它成就一种有关神圣的道说，而不只是人的现象。因此，"比较神学不应与比较宗教学混为一谈。由于比较神学并非致力于对宗教作概括的研究，它力图避免作一些概说，在当中特定的宗教不外乎为这些概说的例子而已"。[20]这样，比较神学就成为有关信仰的宗教哲学研究的方式之一。值得注意的是，

15　L. Swidler, "Interreligious and Interideological Dialogue: The Matrix for All Systematic Reflection Today", in *Toward a Universal Theology of Religion*, Maryknoll NY: Orbis Books, 1988, pp. 16.转引自何光沪：《关于宗教对话的理论思考》，《浙江学刊》2006年第4期，第50页。许志伟也将宗教对话分为三种：独白式的、工具式的、叙事式的，叙事式的宗教对话才是真正可行的沟通。（参见许志伟：《宗教对话的需要与形式》，载《对话：儒释道与基督教》，何光沪、许志伟主编，社会科学文献出版社1998年版，第15-20页。）

16　比如井筒俊彦的《苏菲主义与道家：一种关键哲学概念的比较研究》一书。Toshihiko Izutsu, *Sufism and Taoism: A Comparative Study of Key Philosophical Concepts*, Tokyo: Iwanami-shoten; Berkeley: University of California Press, 1983.

17　详见杨慧林：《"经文辩读"的价值命意与"公共领域"的神学研究》，《长江学术》2009年第1期，第51-55页；杨慧林：《中西"经文辩读"的可能性及其价值——以理雅各的中国经典翻译为中心》，《中国社会科学》2011年第1期，第192-205+224页；游斌：《经学、现代性与宗教对话：经文辩读与当代宗教研究专栏引介》，《民族论坛》2012年第6期，第5-7页；游斌：《以"经文辩读"推动宗教对话》，《中国宗教》2012年第5期，第32-36页。

18　参见李炽昌：《跨文本阅读：〈希伯来圣经〉诠释》，上海三联书店2015年版。

19　Keith Ward, *Religion and Revelation*, Oxford: Clarendon Press, 1994, p. 1.

20　James L. Fredericks, *Buddhists and Christians: Through Comparative Theology to Solidarity*, Mary-knoll: Obris, 2004, p. 89.与此类似，赖品超指出："表面上看，比较神学可被视为宗教比较学的一个部门或延伸，专门比较不同宗教的神学思想。然而，对从事比较神学的学者而言，比较神学应是一种神学的探索，多过是比较

宗教哲学的研究方法本身不包含价值判断，所以它既可以成为一种新的护教学，也可以是一种新的反护教学，抑或与教会毫无干系。[21]但有一点毋庸置疑，宗教哲学始终追求着有关神圣的智慧，探索着理智和神圣之间的奥秘。

这样，后现代视域下的宗教哲学就建基于既往的神学、哲学，它对宗教教义和宗教行为的非教条化研究，以事件性、关系性、歧异性、脆弱性、身体性、建构性、多样性等为特征。"后现代宗教"这一概念揭示的，正是宗教时刻游离在概念之网边界的状态，它是修饰性的、特征化的、描述而非规定的，后现代宗教反对本质化的定义——这无疑在某种程度上意味着宗教自身的灭亡。因而，后现代的宗教学应该抛弃原先对真理、客观性以及方法独特性的追求，而将不同的方法纳入到宗教研究之中，将不同角度、不同维度的研究所得当作对宗教的不同理解，而非真理的唯一宣称。同时，后现代的宗教学要对宗教的历时性、独特性、差异性进行分析，是故没有方法本身亦是一种方法。刻意追求方法或客观，反而会给宗教研究带来桎梏而非解放。[22]

当然，传统研究对后现代的解释是偏世俗化的，因而人们很难发现后现代理论在言说神圣方面的建构性质，这种建构基于世俗化带来的意义解体。在文学、艺术、建筑、哲学领域发生的后现代转向带来了社会状况的剧烈转变，其理念正是那被称为后现代主义的事物。作为一种社会文化思潮、一种新的观念范式、一种新的生活模式，后现代主义呈现出多元、异质、转折、跳变、游戏、解构、去正当化、不可通约、不可翻译甚至不可表达的特征，它们将这个世界塑造为多元共存但异在的，在宗教方面同样如此。而诸主体基于后现代主义的诸多特质构筑起平等参与的解释、交流空间，这种旨在实现共同商谈之可能的言说状况即是后现代语境。因此，在后现代语境中言说宗教和神圣在历史和社会文化层面[23]都是必然的，后现代主义正是以反对的形式赋予后者更丰富、更

宗教学的探索。"参见赖品超：《比较神学与汉语神学》，《道风：基督教文化评论》2006 年第 1 期。值得关注的是，赖品超的《大乘基督教神学》是汉语学界比较神学写作的范例之一。更多有关比较宗教学和比较神学的研究综述可参见 Paul Hedge, *Comparative Theology: A Critical and Methodological Perspective*, Leiden: Brill, 2017.

21 可参见第二章第四节斯温伯恩、希克和海德格尔的论述。

22 参见肖清和：《后现代主义语境中的宗教学研究》，《宗教哲学》2009 年第 4 期，第 1-16 页。

23 有关后现代作为历史范畴和文化范畴的论述参见高宣扬：《后现代论》，中国人民大学出版社 2005 年版。

出人意料、更深刻的内涵，并使之成为新的事物，即使它们往往被刻意解构、扭曲甚至忽略。这种言说的内核是重述信仰，因而，在后现代语境下分析信仰的新含义成为当代宗教学研究的要务。

由此，以后现代哲学为进路研究宗教"信仰"的含义的价值和必要性澄明出来。一方面，在理论上，后现代哲学可以提供新的视角、新的方法，它能够更加有效地进入信仰的核心，而本质主义及现有宗教研究方法在解释"宗教信仰本质"问题上显得无力。对信仰事件而非所信的内容进行分析，不仅能避免信仰研究的观念主义循环，它同时能打破特定宗教、特定群体带来的限制，所信者最终归于信，而信直接面向神圣。并且，这种研究是真正开创性的，它虽然考虑前人的教诲，却不自比于历史主义，思想的进展唯独在新事物的参与中才能实现，教士时常需要借鉴于哲人。最终，古老物、惯常物、基本物的活力在这种研究中被重新发现，而这发现本身即是宗教观念和学术理念的重大革新。

另一方面，对一般读者和普通信众而言，这一研究能够为其提供一种更普遍且深刻的解释，有助于人们具体且明确地认知宗教中"信仰"的内涵及其多元性、可变性，促进不同信仰人群之间的包容，减少因误解和偏见产生的思想冲突和现实冲突。对于学界和教界而言，一种新的、实验性的、包容性的诠释有助于教内教外、学界教界的相互理解和沟通，有助于促进宗教之间、学界之间的对话和交流，弱化因认知能力不足而产生的理论困惑。当然，谦卑且有勇气的态度，同样能为中国宗教的发展及中国特色宗教学术话语体系的建立提供一种参考——以真诚的心思理性地关照宗教，才不致忽视或丢弃自己的宗教和信仰研究之传统。

二、国内外研究现状

在既往相关研究中，神学范式以教内会议、辨答的方式维护传统，使其相对稳定，因而神学中的信仰研究没有巨大转变，从方法到内容都没有颠覆性的更新；与之相较，哲学范式因一直与神学范式保持暧昧关系，所以即使在内容、观点上与神学研究的结果相去甚远，却也未将之置于无人问津的境地。不同的是，科学范式通常以反宗教的态度提及信仰问题并将之化约为某种主义的结果，这无疑在很大程度上丰富了有关信仰的研究，甚至直接导致了信仰学（Pisteology）的产生；但它同时导致了信仰的污名化——信仰如果不被视作社会的病症好像就是不足取的，有关信仰的科学研究也因此被逐渐放弃。这些不同的研究范式及其成果成为目前信仰研究的背景，有关信仰的进一步研究则对应呈现出多维度、多视角的样态：在不断的冲突、对话和交融中，信仰在不同宗教、不同研究领域中具有了新的表达，这是再次言说信仰的语义学基础。在地且广阔，信仰研究的图景在后现代哲学的话语中展开，它并不介意后者的复杂和混乱。

（一）国内相关研究现状

对于宗教信仰这一主题，国内学者大多采取了信仰学（pisteology，词根 πίστη 是阴性单数名词）[24]的进路，它是有关信仰的科学或研究（the science or study of faith），主要从宗教学、伦理学、社会学、人类学、文化学、政治学、心理学、生理学层面考察信仰行为的发生、运作及其具体内容。主题性的研究包括李向平的《神人关系及其信仰类型的建构》、黄慧珍的《此在生存之根的理论反思：生存论视域内的信仰学研究》、罗中枢的《论信、信念、信仰、宗教信仰的特征及意义》、许志伟的《公民与社会：诚信、信托、信仰？》、万俊人的《信仰危机的"现代性"根源及其文化解释》、张俊的《德福配享与信仰》、孙景坛的《关于信仰基础研究中的几个问题新探》、荆学民的《关于马克思主义信仰学的若干思考》《论信仰的社会文化内蕴——"马克思主义信仰学"论二》《人类信仰论》、冯天策的《信仰导论》《信仰：人类的精神家园》、李亦园的《信仰与文化》等。而在细化的研究中，陈霞的《"道"之信仰的实质及其现代价值》诠释了作为信仰对象的"道"的内涵；张泽洪的《道教的黄帝信仰初探》说明了道教黄帝信仰的内容及发展脉络；邓志明的《台湾观音信仰的现象分析》阐述了台湾观音信仰的起源、结构和内容；吕建福的《五台山文殊信仰与密宗》探究了密宗在五台山文殊信仰发展中所起的重要作用；邱永辉的《"世界宗教"视野下的中国民间信仰》探索了中国民间信仰的社会结构特征；闵丽的《太平天国的宗教信仰与道教关系研究》论述了太平天国天父信仰混杂的道教内核；岑贤安的《壮族麽教信仰初探》介绍了壮族信仰的总体状况。这些研究以澄明信仰的一般内容和外部社会形式为目的，它们旨在描述、分析信仰者的思想构成及其发展，这是历史性的、社会性的研究范式。

---

24 此概念是比较宗教学惯用的术语。

　　至于信仰论（pistology，词根 πιστός 是阳性单数形容词）[25]这一研究路径，由于它是神学的一个分支（the branch of theology dealing with faith），更具体地说是实践神学的分支，只存在于神学或义学的研究中。林鸿信的《基督宗教与东亚儒学的对话：以信仰与道德的分际为中心》、桑杰士（Marcelo Sanchez Sorondo）、康华伦、李震的《朝向信仰开放的形上学——有关教宗若望保禄二世〈信仰和理性〉通论的一些反省》，瞿旭彤的《信任："之间"的汉语神学与多学科研究初探——神学论题引介》[26]等，是其范例。

　　当然，也有诸如何光沪（《信仰之问》）、邓晓芒（《信仰探幽》）、田薇（《信仰与理性》）、卢盈华（《对于"信"的现象学分析》）、陆敬忠（《从信仰至体系：宗教诠释学之基源与发展》）、黄保罗（《"信"为什么在汉语语境里常被误解？》）等学者对信仰问题进行了哲学考察，但更多人选择了对思想家或理论进行个案研究，如黄裕生的《宗教与哲学的相遇：奥古斯丁与托马斯·阿奎那的基督教哲学研究》、唐科的《信仰与怀疑：对约翰·亨利·纽曼思想内在张力的考察》、濮荣健等的《阿奎那的 Logos、真理和信心》、王幼军的《数学与信仰——对帕斯卡尔的多重解读》、翟志宏的《西方宗教信念认知合理性的两种解读方式》、曾庆豹的《与信仰相合宜的激进（神学）诠释学》、杨子路的《道教信念伦理问题研究》，等等。

　　此外，有关信仰的研究还通常被间接提及，比如何光沪的《多元化的上帝观：20 世纪西方宗教哲学概览》、张志刚的《宗教哲学研究：当代观念、关键环节及其方法论批判》、王晓朝的《信仰回归的 21 世纪？——关于基督信仰的反思》、周伟驰的《宗教命题的真理问题》、查常平的《新约的世界图景逻辑》、田薇的《信念与道德》中都对信仰问题做了一些相关阐发。

（二）国外相关研究现状

　　国外的相关研究则更加多样、繁复。比如贝拉（Robert Neelly Bellah）、尼达姆（Rodney Needham）、菲利普斯（Dewi Zephaniah Phillips）以及史密斯（Wilfred Cantwell Smith）都试图在信仰范畴之外考察宗教的人本主义，藉此解决信仰概念的"无用或多余"问题。[27]与之相对，维贝（Donald Wiebe）建

25　此概念是基督教神学惯用的术语。

26　此专题收录了数篇探讨信任与神学关系的文章，参见《道风：基督教文化评论》（*Logos & Pneuma*）2022 年第 57 辑。

27　参见 Robert Bellah, *Beyond Belief: Essays on Religion in a Post-Traditional World*, New

议保留信仰概念，因为"信仰'已经'成为一个宗教讨论的普遍特征，如若放弃信仰概念，有关宗教历史的研究和比较宗教的研究都是不可能的"，[28]维贝将之确定为信仰的认识论合法性。[29]略有不同的是，格兰特（Colin Grant）认为是信仰和信念概念的道德效果确立了其概念的不可缺失性：信念是信仰与道德联结的必然产物。[30] 此外，鲁埃尔（Malcolm Ruel）基于同样的理由——信仰内涵的繁复、多样和难以定义——宣称信仰必须被使用，因为信仰不能因为其作为哲学或神学概念的不稳定而消失；与之相反，人们更应该寻求一种合适的表达来具化其丰富的含义，这在根本上是（神圣）智慧的符号化追求。[31]信仰概念的悖论由此在智慧的勇气中被揭示出来。

在信仰的类型方面，如杜勒斯（Avery Dulles）在《所望之事的实底》（*The Assurance of Things Hoped For*）一书中指出的那样，在神学史上，存在着不少于七个不同的信仰模型：（1）"命题模型"，此模型认为信仰是"对显明者上帝的权威所揭示的真理的同意"；（2）"超越模型"，它以"一种新的认知视野，一种神圣的视角来理解信仰，这种视角使人们能够看到并同意那些原本不会被接受的真理"；（3）"信任模型"（fiducial model），此模型强调信仰为"对上帝的信任或信心，因为上帝意愿实现其应许"；（4）"情感—体验"模型，它将信仰理解为一种（神秘的）体验；（5）"服从模型"，此模型"强调信仰作为服从"；（6）"实践模型"，它表明信仰是"历史和社会的实践"；（7）"人格主义模型"，它认为信仰是"一种给予生活和存在模式的新的人格关系"。杜勒斯认为，没有必要在不同的模型之间进行选择，因为信仰是一个如此复杂而丰富的

York: Harper and Row, 1970; Rodney Needham, *Belief, Language and Experience*, Oxford: Blackwell, 1972; D. Z. Phillips, *Religion Without Explanation*, London: Blackwell, 1976; W. C. Smith, *The Meaning and End of Religion: A New Approach to the Religious Traditions of Mankind*, New York: Macmillan, 1962; W. C. Smith, *Belief and History*, Charlottesville: University of Virginia Press, 1977.

28 Anthony J. Palma, *The Science of Religion: A Defence: Essays by Donald Wiebe*, Leiden & Bosten: Brill, 2019, p. 116.同时参见 Donald Wiebe, "The Role of Belief in the Study of Religion: A Response to Wilfred Cantwell Smith", *Numen*, vol. 26, 1979, pp. 234-249.

29 参见 Donald Wiebe, "On the Transformation of 'Belief' and the Domestication of 'Faith' in the Academic Study of Religion", *Method & Theory in the Study of Religion*, Vol. 4, 1992, pp. 47-67.

30 参见 Colin Grant, "Smith's Discovery and the Ethics of Belief", *Studies in Religion*, vol. 13, 1984, pp. 461-477.

31 参见 M. Ruel, "Christians as Believers", in *Religious Organization and Religious Experience*, J. Davis(ed.), London & New York: Academic Press, 1982, pp. 9-32.

现实，以至于上述所列的每个模型都只能成功地突出该现实的一个方面。因此，应将不同的模型理解为互补的。[32]

　　在盖维特（R. Douglas Geivett）和斯威特曼（Brendan Sweetman）编著的《宗教认识论的当代视角》（*Contemporary Perspectives on Religious Epistemology*）一书中，学者们讨论了宗教信念（信仰）的证明在认识论层面的六种方法，他们以广义的宗教哲学的视角探寻了宗教信念（信仰）产生的根源。其中，菲利普斯、马尔科姆（Norman Malcolm）、霍尔默（Paul L. Holmer）持有维特根斯坦信仰主义（wittgensteinian fideism）的观点；普兰丁格（Alvin Plantinga）、沃特斯托夫（Nicholas Wolterstorff）、帕吉特（Robert Pargetter）支持一种革新的认识主义（reformed epistemology）；莫里斯（Thomas V. Morris）、莱肯（William G. Lycan）、施莱辛格（George N. Schlesinger）宣称人们应该审慎地对宗教信念作出论断（prudential accounts of religious belief）；阿尔斯通（William Alston）、希克（John Hick）、凯伦伯格（James Kellenberger）认为理性的宗教信念和非理性的宗教经验[33]（rational belief and religious experience）应该被分别陈述。除此之外，弗卢（Antony Flew）、罗（William L. Rowe）、马丁（Michael Martin）从无神论的角度诠释了宗教信念的问题，而克雷格（William Lane Craig）、斯温伯恩（Richard Swinburne）、威拉德（Dallas Willard）、亚当斯（Robert M. Adams）则从自然神学的角度对宗教信念做出了解释。在尼尔森（Kai Nielsen）、格策（Stewart C. Goetz）、卡吉尔（James Cargile）、普劳德富特（Wayne Proudfoot）、沙尔科夫斯基（Scott A. Shalkowsi）、卡恩（Steven M. Cahn）等人的批评中，一种较为整全的宗教哲学的（尤其是分析哲学式的）信念（仰）研究被呈现出来。[34]

　　除此之外，凯伦伯格基于克尔凯郭尔和乌纳穆诺（Miguel de Unamuno）的观点（信仰的非理性论）区分了三种不同的信仰模型：信仰的圣经模型（biblical mode of faith）、信仰的荒谬模型（absurd mode of faith）和信仰的悖

32　参见 Avery Dulles, T*he Assurance of Things Hoped For: A Theology of Christian Faith*, New York & Oxford: Oxford University Press, 1997, pp.70-81.

33　有关宗教经验的传统而经典的论述（比如施莱尔马赫、奥托、瓦赫和伊利亚德对宗教现象与宗教经验的阐释）可参见 Joachim Wach, *Types of Religious Experience, Christian and Non-Christian,* Chicago: University of Chicago Press, 1951.

34　参见 R. Douglas Geivett & Brendan Sweetman (eds.), *Contemporary Perspectives on Religious Epistemology*, New York: Oxford University Press, 1992, p. 5.

论模型（paradox mode of faith），其中，后两者都属于信仰的存在性模型（existential mode of faith）。[35]在更具体的层面，信仰的圣经模型表明此类型的信仰者绝不允许怀疑作为确定信仰的状态存在，它只能以被克服的要素出现，否则信仰便会失落；与之相反，持有信仰的荒谬模型的信仰者将荒谬这一特性——不确定性——作为信仰存在的前设，只要并非所有的证据都指向神圣者不存在，那么神圣者存在这一命题就是值得相信的。[36]换言之，正是这难以把握的存在的真理的甚微显明，确证了神圣本身之实在。除此之外，信仰的悖论模型宣称，信仰不在于确证或未确证留下的可能空间，而在于人为逃离信仰之悖论——难以确证带来的苦痛、疑惑甚至绝望——的挣扎和努力，信仰在艰难成就中规定自身。[37]这样，此三种不同的信仰模型都可为非理性信仰提供有力支持。

需要注意的是，一种虔诚的怀疑主义（devout skepticism）并不能被视作信仰的模型，因为它自身并不产生特定的信仰的结构或结果，它只为信仰的达成做预备。在根本上，虔诚的怀疑主义表达出一种对神圣真理的真切渴望，它属于神圣智慧的范畴，作为信仰产生（或无法产生）的根基，虔诚的怀疑主义独立存在。所以，休谟、丁尼生（Tennyson）、金-法罗（John King-Farlow）、克里斯滕森（William Christensen）、爱德华兹（Paul Edwards）、佩内鲁姆（Terence Penelhum）、尼尔森等人的观点[38]都为信仰的成立开放了空间，在（信）心初动的意味上，怀疑启发信的心智。[39]

---

35 参见 James Kellenberger, "Three Models of Faith", in *Contemporary Perspectives on Religious Epistemology*, R. Douglas Geivett & Brendan Sweetman (eds.), New York: Oxford University Press, 1992, pp. 320-335.

36 参见 Søren Kierkegaard, *Concluding Unscientific Postscript*, David F. Swenson & Walter Lowrie (trans.), Princeton, NJ: Princeton University Press, 1941, p. 182.

37 参见 Miguel de Unamuno, *Tragic Sense of Life*, Crawford J.E. Flitch (trans.), New York: Dover Publications, Inc., 1954, p. 193.

38 参见 David Hume, *Dialogues Concerning Natural Religion*, Cambridge: Cambridge University Press, 2007; John King-Farlow & William Christensen, *Faith and the Life of Reason*, Dordrecht, Holland: D. Reidel, 1972; Paul Edwards, "Kierkegaard and the 'Truth' of Christianity", *Philosophy*, vol. 46, 1971, pp. 89-108; Terence Penelhum, *Problems of Religious Knowledge*, London: Macmillan, 1971; Kai Nielsen, *Scepticism*, London: Macmillan; New York: St. Martin's Press, 1973.

39 总体上，这种语言分析式的信仰研究并没达成共识，如霍夫迈斯特（Heimo. E. M. Hofmeister）的《真理与信念：有关宗教的分析理论的解释与批评》（*Truth and Belief: Interpretation and Critique of the Analytical Theory of Religion*）一书就力图呈现分析

而在更为具体的不同宗教的神学（或宗教哲学）中，有关信仰的理解在内容的具显与差异中得到深化。[40]例如蒂利希（Paul Tillich）在《信仰的动力》中区分了理论性的确信和生存性的确信（信念和信心），通过比较和理论性确信相关的批判性独立心境，蒂里希指出：生存性的确信（或对信仰的确信）意味着一种强烈的激情和融入它所关注的对象。它反映的是一个人总体的生活姿态，这是能够在最深层次上给予一个人的存在以完整性、目的和意义，表达"终极充实的希望"的证据。它不仅仅在理论性确信的意义上是可认识的，而且来自一种"个体自我的全身心的和专注的行动"，其中认识、情感、意志和行动的源泉都融为一体。这种专注的行动对蒂里希来说就是信仰的行动，它的"确信"来自它注入一个人生命各个方面的无处不在的重要性和整合力量。由于一个人的信仰是一个人存在的关键、核心或基本取向和允诺，自然没有什么东西能比它更为根本或不容置疑。我们甚至可以说，一个人的信仰是"基础性的"，只要我们记住这是在一种存在意义上而非理论意义上来说的。用蒂里希自己的话说，生存性的确信是"平静的、积极的信心"或"在一种终极关怀状态中对自己的勇敢的肯定"，而这正是信仰的本质。蒂里希赋予信仰及与之相应的生存性确信的角色，非常接近于萨特赋予人们的"原初计划"，或者是维特根斯坦赋予人们的"生命形式"或"像一个人那样活着"的方式。[41]

与此同时，弗兰克（Daniel H. Frank）在《犹太哲学神学》（*Jewish Philosophical Theology*）一文中描述了犹太哲学神学对信仰研究的总体看法：与权威的犹太学者类似，现代的犹太思想家也倾向将信仰看作智慧的总结，而不是宗教实践的必需品。[42]门德尔松（Moses Mendelssohn）的观点最具代表性："在摩西律法

性的宗教哲学的难题的历史，展现宗教哲学的起源与现状。其结论是，分析性的宗教哲学作为一种科学的宗教分析的理论并未完全成功，其内在缺陷尚未被克服。参见 Heimo. E. M. Hofmeister, *Truth and Belief: Interpretation and Critique of the Analytical Theory of Religion*, Dordrecht & Boston & London: Kluwer Academic Publisher, 1990.

40 需要注意的是，不同宗教的不同神学观点（尤其在基督宗教中）经常在某一具体议题上有较大的争议，此处所列举的观点只是特定宗教神学观点中较为突出、有影响力或具有总括性的，其他部分观点在正文中有所涉及，此处不再赘述。

41 参见唐纳德·A. 克罗比斯：《荒诞的幽灵：现代虚无主义的根源与批判》，张红军译，社会科学文献出版社2020年版，第182-183页。

42 参见 Daniel H. Frank, "Jewish Philosophical Theology", in *Philosophical Theology*, Thomas P. Flint & Michael C. Rea (eds.), New York: Oxford University Press, 2009, pp. 541-555.

的所有指示和规定中，没有任何一条说到：你要信或不信。它们都在说的是：你要做或不要做。信仰不是被命令的，因为它只接受由坚定的信仰而来的指令。所有神圣律法的诫命都诉诸人的意志，通过人的权能去践行。事实上，在原初语言中被译为信仰（faith）的 emunah 一词在多数情况下实际意味着信任（trust）、自信（confidence）以及对誓言和允诺的坚定信心（reliance）……诫命和禁令、奖赏和惩罚只与行动相关，允诺和省略的行动取决于人的意志……因此，古代犹太教没有象征性的书籍，没有与信仰相关的文章。确实，我们压根没有所谓宗教誓约的概念；并且根据真正的犹太教精神，我们必须使其保持不被承认的状态。"[43]换言之，信仰的宗教意味胜过其理智属性，如同我们从萨迪亚（Saadya Gaon）的观念中推断出的，信念不是理性沉思这一艰苦的思想活动的结论，且其报偿是拯救。[44]确实，迈蒙尼德将上帝之爱理解为了解祂的功效，且这些知识是有关其慈爱创造的（科学的）知识，[45]在这个意义上，迈蒙尼德和其伟大的追随者斯宾诺莎携起手来，都将总体善（summum bonum）理解为对上帝的理智的爱（Dei intellectualis）。如阿夫拉瓦内尔（Issac Abrabanel）所言，迈蒙尼德没有将信念及其真理的形式作为一种积极的诫命，反而将其视作那些使信徒获得信念的知识。[46]如此一来，信仰的复兴，尤其是侧重信念的信仰的复兴，在犹太教的宗教生活中更应当被视作神圣智慧在后现代的再次苏醒——尽管它不是祈祷、祝圣的前置物，但它开启着新的、多元的、共融的信仰的道路。

对于伊斯兰信仰，阿胡立（Al-Ājurrī）阐述了有关信仰要素的传统教义，即信仰主要由三个部分组成：一、心中的信念（al-taṣdīq bi'l-qalb）；二、通过说清真言（shahāda）来确证真主的一致和穆罕默德的使命；三、施行真主的诫命。[47]沙别斯塔里（Mohammad Mojtahed Shabestari）描绘了四种理解伊斯兰教传统中信仰概念的方法，它们分别是：一、根据阿什阿里（Ash'ali）的学说，

---

43 Moses Mendelssohn, "Jerusalem, or On Religious Power and Judaism", A. Arkush (trans.), in *The Jewish Philosophy Reader*, D. Frank, O. Leaman & C. Manekin (eds.), London: Routledge, 2000, p. 349.

44 参见 Saadya Gaon, *The Book of Doctrines and Beliefs*, Indianapolis: Hackett, 2002, pp. 20-30.

45 参见 Maimoides, *The Guide of the Perplexed*, J. Guttmann (trans.), Indianapolis: Hackett, 1995.

46 参见 Issac Abrabanel, *Rosh Amanah (Principle of Faith)*, Kellner (trans.), Oxford: Littman Library of Jewish Civilization, 1982, p. 155.

47 Andrew Rippin (ed.), *The Blackwell Companion to the Qur'an*, Malden, MA: Wiley-Blackwell, 2005, p. 424.

信仰的真理是基于真挚情感的信上帝、先知以及神圣法令的宣告；二、在穆塔齐拉（Mu'tazila）看来，信仰的本质是基于责任的行动；三、如伊斯兰哲学家的看法，信仰的真理被表达为灵知（ma'rifa）以及"存在领域的诸现实"的哲学知识；四、伊斯兰神秘主义者把信仰解释为拥抱（iqbal）真主并且远离他神。在此基础上，沙别斯塔里把对信仰概念的理解牢牢地建立在思想自由和人类自由意志之上，他认为信仰是一种选择的行为、一种决定命运的行为，四种传统的理解信仰的方法都无法抛开自由单独存在——人的自由意志宣告信仰、获得知识、决定行动、拥抱真主。唯独将自由与神圣联结起来，现代的主体性和宗教才可能达成和解——信仰在解释的开放中迎来神圣性在个体经验和理智中的回归。[48]

在伊斯兰学者中，同样有一些人支持新的信仰诠释（尤其在反对唯独宗教组织方面），包括萨伊丹（K. G. Sayyidain）、塔勒比（Mohamed Talbi）、恩吉内尔（Ali Asghar Engineer）、哈纳菲（Hassan Hanafi）、拉赫曼（Fazlur Rahman）、阿尤布（Mahmoud Ayoub）、法鲁奇（I. Faruqi）等。按照拉赫曼所说，信仰是心的行动，是一种将自身交付给真主及其消息的决断的奉献，藉着信仰人获得安宁、保全以及克服苦难的坚定。[49]塔勒比竭力对抗那种由非穆斯林（主要是政治宣传和民族问题）和穆斯林（主要指极端主义者）引起的对伊斯兰教的刻板印象，并希望通过对伊斯兰信仰的当代诠释来消解之前人们对伊斯兰信仰的曲解和误读。[50]洛瓦特（Terence Lovat）从不同宗教之间的对话、对待不同宗教的差别、福利国家、知识和教育、性别平等等方面总结了塔勒比的贡献。概言之，在二十一世纪伊斯兰信仰有能力为铸就和平、安全的世界共同体做出自己的贡献。[51]

---

48 参见 Farzin Vahdat, "Post-revolutionary Islamic Modernity in Iran: the Inter-subjective Hermeneutics of Mohammad Mojtahed Shabestari", in *Modern Muslim Intellectuals and the Qur'an*, Suha Taji-Farouki (ed.), Oxford: Oxford University Press & London: the Institute of Ismaili Studies, pp. 193-224.亦参见 Mohammad Mojtahed Shabestari, *Iman va Azadi,*Tehran: Tarh-e No, 1997.

49 参见 Fazlur Rahman, "Some Key Ethical Concepts of the Qur'an", *Journal of Religious Ethics,* vol. 2, 1983, pp. 170-85.

50 参见 M. Talbi, "Unavoidable Dialogue in a Pluralist World: Personalaccount", *Encounters: Journal of Inter-cultural Perspectives*, vol. 1, 1995, pp. 56-69.; M. Talbi, *Universalite du Coran*, Arles: Actes Sud, 2002; M. Talbi & G. Jarczyk, *Penseur Libre en Islam,*, Paris: Albin Michel, 2002.

51 Terence Lovat, "Islam: A Very Twenty-First Century Faith," in *Islam in the 21st Century*, Gregory H. Franco & Scott L. Cervantes (eds.), New York: Nova Science Pub Inc., 2010, pp. 135-151.

由此，信仰的含义在宗教哲学的反思和神学、义学的发展中得到了新的诠释。[52]

（三）关于国内外相关研究的评价

总体上，以往的信仰研究由（广义上的）神学家推动。因此，人们很容易就发现，这些学说都蕴有古老的观念，并且它们呈现出如下特点。一、传统的信仰研究基本都将研究对象限定在特定宗教之内，人的信仰总是关乎特定神圣者的信仰，它很少被视为所有人的基本生命事件，因此信仰要么被狭隘化，要么被故意扭曲，它被强迫服从于特定的人或神。二、传统的信仰研究惯于对内容作出解读，却忽视对信仰事件本身的考察，它总是屈服于观念的权威。其结果是，这些研究不仅在深度上没有推进，甚至连纯粹的历史叙述（即信仰史[53]）也不欢迎，观念在重复自身中既排斥了省思又排斥了描述。三、传统的信仰研究在抵制历史分析的同时陷入了文献和考据的泥沼，对客观历史的拒绝并没有使其脱离教义史、观念史或思想史的范式，但真正的思想创建需要在更广阔的研究背景（如分析哲学、心理学、生理学等）中发生，历史学科的变种不再能满足这种对开放的要求。四、传统研究习惯将信仰二分为信心和行动，或将之分为信心和信念、信念和行动，但这种二分是不全面的，甚至有关信仰的三分（这种区分基本正确）也显得粗糙：它们或者将之与其他因素（如理性、知识、德性等）并列，或者将之扩大化为信仰的全部，这些看法既没有强调三者的基础作用，也没有顾及信仰的其他意涵，它们在论证上缺乏说明，在逻辑上难以自足。五、传统研究最令人惋惜的地方在，即使有些理论在省思层面做出了突破，但它们却难以被信仰群体接受。究其根源，这些省察更多是哲人的睿思，但若不出自对神圣者的觉知，它们就不可能真正具有说服力。换言之，信仰研究只有是宗教哲学的才能兼顾二者，惟其如此，理智与神圣才能深度结合。六、一个技术性的问题是，诠释思想需要有一定的语言基础，若不通晓古

---

52 此处没有列举诸如印度教、佛教、道教、耆那教等其他宗教及相关研究成果的原因是，这些宗教并没有如亚伯拉罕诸宗教一般形成所谓的宗教哲学，它们的宗教哲学或神学方面通常以义学、经学等方式表现。其结果是，即使有关这些宗教的信仰概念的哲学考察并不缺乏，但它们并未形成一个系统的体系，分散在各种文本中，所以有关的论述以论点的方式穿插在正文中（由于本文的目的并非呈现一个有关宗教信仰的思想史），此处不做系统梳理。

53 有关宗教信仰对历史分析的抵制，可参见沙甘：《现代信仰的诞生：从中世纪到启蒙运动的信仰与判断》，唐建清译，社会科学文献出版社 2020 年版，第 7 页。

代语言，无法阅读古典文献，有关信仰的研究很大程度上就是臆测或以讹传讹。在传统的研究中，这种情况并不罕见，教士的目的在宣扬观念而非发现真理，他们并不在意细微处或形式上的瑕疵。但宗教哲学旨在揭示信仰的本在，这种本在将一切牵强附会者排除在外。

因此，即使传统研究在特定宗教（尤其是基督教）、特定领域内（比如心与行）足够深入，但这些研究并没囊括有关信仰的全部，它们在总体上是地域性、观念性、历史性的。本项研究正是要突破这种限制，将对信仰的考察纳入到宗教哲学中来，在全部宗教和人类整体的意义上反思信仰事件的发生，分析其概念、核心和结构，根于经典文本，以多学科的视角，诠释宗教信仰的内涵。在根本上，对信仰的研究凭借理智得以实现，而这理智却又构成着多元而实在的信仰。

三、研究思路和行文框架

本文的研究思路及内容逻辑框架建构如下：

第一章旨在揭示后现代语境中宗教信仰的复归以及哲学介入信仰研究之必然。后现代的宗教现状以宗教实体的多元性、信仰形式的繁复性以及宗教诠释的解构性为主要特征，这使我们生活的时代成为了一个寻求信仰、纯粹的信仰、赤裸的信仰、神秘的信仰的时代。[54]在这时代中，上帝隐没了；而"在上帝之后，神圣不在其他任何地方，而是那升起的塑造、损毁、重塑生活结构的创造性"。[55]换言之，以反同一化为主要特点的多元性、以反封闭历史为核心的繁复性以及表现为拒斥还原性解释的解构性共同重塑着后现代的宗教信仰，宗教之实存已被浸透——神圣由此是私人化、离散化、世俗化的。而在与他者的绝对相关中，宗教之神圣内化为他性：人与祂神、他人[56]、它物的关系分别作为宗教思想（神学）、宗教伦理、宗教美学的基础[57]，他者使人的宗教整全。因此，在后现代状况中，神圣性与多元性、繁复性、解构性等[58]后现代特征保持一致，它们呼唤一种新的、基于理智的、宗教哲学的言说。

---

54 参见 William Johnston, *The Inner Eye of Love*, San Francisco: Harper & Row, 1978.

55 Mark C. Taylor, *After God*, Chicago & London: University of Chicago Press, 2007, xii-xiii.

56 他人中包含其他生命，后者不在它物的范畴中。

57 从世界图景逻辑的角度看，这种人与他者的关系的知识化显然只是一种整全关系的部分表达。参见查常平：《中国先锋艺术思想史第一卷 世界关系美学》，上海三联书店 2017 年版。

58 还包括事件性、关系性、歧异性、脆弱性、身体性、建构性等。

第二章旨在论述后现代信仰的根源及其发生逻辑。信仰本身是一种被言预告、诠释、印证的事件，它不断生成与神圣相关的实在关系。在这种关系中，信仰者面向神圣寻求回应和确证，神圣者的允诺使言成为实事。信仰是反对象化的，即对象化的信仰只是信仰的概念，而不是去信仰的行动或信仰本身。信仰的事件化带来一种内容的去规定，它表达为事件对自我具化的蔑视。然而，事件的关系特征使认知关系重新生成在主体和对象之间，即使这一人与诸神圣间的信仰关系是流变的，它孕育着被理解、解释的可能。对象化与非对象化在存在论范畴表达为语言的在场与缺席，在生活世界，这意味着信仰事件既可言说亦可沉默。作为话语事件的两种类型，言说和沉默与倾听者的接受根本相关，在存在境况的转换中，言说使沉默的认知超越效用凸显出来。所以，信仰由人之中最具超越特性的部分造就：思想与领会共同生产一种内深的意义转化，此转化最终成为灵性的交通。这种交通由信仰的称呼、定义和书写表现出来，此即人神共铸的交织之圣言。于是，在未定的解释中，怀疑的问询参杂着些微的确信，最终构成知识化的信仰整体；信仰言说及其意义转化由此应被视为宗教哲学之基础。

第三章旨在阐释后现代语境下信仰的概念、核心、结构及特征。总体上，信仰的概念是实在、统一、多元的，这些特征由信仰形式的繁复性确定。信仰结构的要素在存在范畴的全部信仰事件之中具象化，因而信仰的结构化正意指它的事件性。在认知层面，信仰可被分为本真信仰、内在信仰和外在信仰，它们与信仰的对象化相关；而在本体范畴，因着事件性，信仰的结构具化为神圣的领受、神圣的停留和神圣的追寻，此三者即本真信仰的三要素；在关系范畴，信仰通过敞开、涵摄和意指（意向性指使）使得诸事件相互流转，它生成一种内在关系之可能；最终在外在信仰中，此可能转化为一种现实，内在关系被外在化为信心、信念和信从，信仰作为生命的重大事件发生。在此意义上，任何可被具体而系统地分析、辨别、解释、呈现的信仰都是信仰行动，且随着神圣的长久流溢和现象的不断衍生，由外在信仰而来的外在信仰行动成为宗教哲学的绝对的研究核心。在人的理解中，信仰的人格化历史恰是宗教之历史，信仰不在历史之外，它生成新的历史。

第四章旨在说明后现代语境下作为自主事件的信仰的一般呈现。总体上，神圣者与非神圣者的关系决定了信仰之道的内容和类型。信仰之道于存在范畴的具现有两种表达：一是神圣之道，二是宗教之道。两种形式不以神圣具现的趋向为区别——自上而下与自下而上的或自神而人与自人而神的，反而以神圣具现的不同层面分别，即神圣之道呈现分析（简单）的现象，宗教之道呈现综合（复杂）的现实。其中，本真神圣藉着纯粹现象完成神圣之道，它首先以特征化的方式规定并具化为超越性的现象，然后在关系范畴中符号化为智性和灵性现象（内在信仰行动），最后在身体现象中实在化为物质，此三种现象都是纯粹的，它们皆未被承载者规定。与之相对，在社会化的宗教活动中，信众的宗教实践以复杂的方式呈现。所以在宗教之道中，富有神性（或神圣性）的被崇拜者既可以是神、神偶、神之化身，又可以是具有神性的经典、器物。宗教领袖和神职人员的教导与圣贤、哲人的教诲可以共在，它们指称不同层面的神圣性或超越性。个人的体验和宗教传统的熏陶（灵性的光晕）、培养并不相悖，二者都促使人做出真诚的信仰行动。在现象层面，宗教之道以繁复的表达呼求神圣之道的纯粹性。

　　第五章旨在阐述后现代语境下信仰结构系统中的宗教信心要素。外在信仰由信心、信念和信从构成，它们是信仰的基本要素，同时也是其基本结构。这意味着，任何真的信仰都应当且必须保留这一根本的结构性规定。其中，信心在生存论层面表示心理事件和状态（相信、自信），在关系范畴表示由心起始的流溢（随心、任意），在本体范畴表示心的本真状态，在神圣范畴表示对神圣的回应和认信。所谓的宗教信心在根本上就是，自我于神圣的敞开、接纳、被引领和擢升、与神圣者的同一。

　　第六章旨在阐述后现代语境下信仰结构系统中的宗教信念要素。与宗教信心相对，信念在认识层面表示实有的意见或观念，在知觉层面表示意志情绪，在关系范畴表示念的意向或态度，在本体范畴表示念的本真状态即全然真理或非真理的面向。因此，所谓的宗教信念在根本上就是，主体凭理性对诸神圣或神圣（性）的再次确认。

　　第七章旨在阐述后现代语境下信仰结构系统中的宗教信从要素。信从的含义同样丰富：它在认识层面表示对某些意见或观念的认同；在身体层面表示躯体对思想或观念的服从；在关系范畴表示主体的相对行为关系；在本体范畴表示对诸神圣敞开，走向诸神圣，进入信仰的行动。而所谓的宗教信从，在根本上指称主体凭信仰走向诸神圣的作为，在认信中，主体构建了内在、外在的人—神关系。

余论旨在阐述后现代语境下信仰的其他含义。除了基本的含义，信仰仍需一种理解上的补充和增益，它与主体的他在相关。其具体表现为，在本体范畴，诸神圣的多样性能否得到确证会根本影响本真信仰和内在信仰的发生；而在外在信仰中，诸如佛教所说的"智"和道教强调的器物（如"金丹大药"）切实丰富着信仰的历史内涵。所以，在人的身体与灵魂之外，他人、它物也与祂神根本相关，信仰的范畴被扩大至存在整体。

附录具体描述了后现代语境下信仰的表达方式及宗教形态。在历史的呈现中，信仰的意谓一致地贯穿着诸宗教，其现象或实体都未脱离信仰的基本范畴。然而，诸宗教实体及其在信仰表达方面的差异是规定自身的东西，它们将神圣的留存差别化，这差别显现、解释并增益神圣本身。因而多元的宗教现象将神圣纳入自身之中，它们都是最真实的历史；且若宗教之道确有某种价值，那么这价值无疑在价值自身的退却之中。所以，摩尼教和巴哈伊教对普世宗教的执着，佛教和耆那教对智慧、解脱的追求，道教、印度教对器物、修行的强调，琐罗亚斯德教对争战的看重，原始宗教和新兴宗教对自然、传统的青睐和背离都是彰显其自性的东西。在主体的塑造中，诸宗教的现实及其解释成就彼此。

这样，后现代境况对人们的最大启发就是伦理性的：人要在谦卑中坚定追寻神圣的勇气。在对多元、繁复、解构的接受中，神圣性融入哲学与神学。

四、研究方法与创新之处

由此，本文所用的研究方法以宗教哲学为中心，其中（1）文献研究法：提供圣典原文和相关的材料基础以便对之深入分析；（2）诠释学方法：通过对原始文本的再次解释，合理展示有关信仰的当代内涵；（3）语言分析方法：解读不同语言和情景下与信仰相关的诸概念的内涵；（4）比较研究法：对比考察不同宗教对信仰的定义、态度及其信徒的实在作为，解释诸宗教行为在信仰之道中的一致性；（5）跨学科研究法：将哲学与神学、历史学、社会学、心理学、生理学等结合，呈现后现代哲学视野下的宗教研究尤其是信仰研究的广度和深度。

基于此，本文在如下几个方面有所创新。第一，重新诠释信仰在宗教的根本地位，这一地位由人神之间的关系奠定，信仰是人神交通的实在事件、关系；第二，揭示信仰自治的特性，信仰不仅是人之言说的对象，同时也在进行自主的言说，如此得来的现象才是真实的，它既属人也属神圣；第三，通过对信仰行动的分析，将一般信仰的基本结构划分为信心、信念、信从，信仰的其他内涵作为特定宗教的差别蕴含其中，一种整全、融贯的解释体系由此建立；第四，贯通神学和哲学，将神学观点审慎地纳入哲学的考察，在严格论证的基础上得出与信仰相关的论断；第五，在大量阅读不同学科、不同语类的相关文献的基础上，择善去弊，真正对宗教信仰问题做出全面、系统、深入的考察，在为读者提供多重理解视角的同时，揭示其内在逻辑；第六，细致考察宗教典籍，在遵循其原文的同时，做出适当的、独特的阐发，思想的创建正基于此；第七，在保有谦卑的前提下，对诸宗教进行分析、解读，秉有理性的独立却又不妄自尊大，于理智的逡巡中，显明神圣之义，信仰由此交于理性。

概言之，以哲学的辨明方法行文的目的在于更好地呈现分析哲学和诠释学对当代信仰研究的价值，它自然呈现出写作原则与多元宗教的紧密关系。坚持一种基本的释经学方法，不进行具有重大歧义或引起巨大争议的解读，也是为了避免传统信念带来的无关紧要的分歧。宗教哲学始终是一种学理性的研究，所以对灵修学等其他侧重不同的学科的关照并不能尽如人意。但无论如何，宗教哲学都试图在后现代的语境下重新发现信仰的奥秘与价值，它不畏于更深入地理解神圣。

第一章　宗教信仰研究的后现代语境

在神圣的帷幕下，人们往往忽视了另一个为宗教所遮覆的事物，此即信仰观念之幕布。人们不断地追求生活世界的规则化和秩序化，这一作为不仅让神圣固化为意义符号，它同时使信仰失去自治的能力，信仰事件为人之所信的内容取代。对信仰的遮覆在世俗化的宗教状况中尤其明显，与科学争锋的是作为信念束的教义集合，而与逻辑主义和实验精神相对的则是直觉的、无需反省证实的认知方式，它们都被称作信仰，即对象化的神圣（或神圣的对象化本身）。唯独在神圣被消解后，原本被掩盖的信仰才真正显露出来，它继承神圣本有的职能，成为与世俗及其认知对立的事物。在世俗化发生转变的后现代，不愿重蹈覆辙、简单重归神圣怀抱的神学家开始寻求新的解释，信仰藉此凭着人的理智和神圣获得了独立的地位和新的活力。当然，后现代的宗教状况无法用世俗化或反世俗化来概括，但宗教再兴起的趋势已是必然，它生成奇特的光景。随之而来的更深刻、更精微、更富色彩的哲学解释也渗入神学的话语，哲学家们试图重新发现可被分析的、非传统的、更人性的、变形的、痛苦的、暴力的、否定的甚至色情的神圣。这样，宗教哲学就以异在者的身份介入到有关信仰的言说中，它在信仰开放的边界上，以理智省察、领会神圣——此即信仰研究的后现代语境。

第一节　宗教的世俗化

一、世俗化的状况

人类历史走入现代的主要因素之一是宗教的世俗化，贝格尔（Peter L.

Berger）对这一进程的描述是："通过这种过程，社会和文化的一些部分摆脱了宗教制度和宗教象征的控制。"[1]作为一种连续发生的历史转换事件，宗教形态和信仰方式的不断改变，使得社会生活的意识基础不断变换：严肃而圣洁的灵性生活瓦解于喜怒哀乐和茶余饭后；以人为基础的宗教生活的分析，用更加实用、理性甚至市侩的语调论及彼时的神圣言谈；宗教生活成为人的基本的、激情的甚至被迫的选择。而当神圣话语不再具有足够的控制和影响时，生活世界[2]生产出一种自治的言论。[3]在涂尔干、马克思，尤其是韦伯的研究基础上，布鲁斯（Steve Bruce）、帕森斯（Talcott Parsons）、贝格尔、马田（David Martin）和威尔逊（Bryan Wilson）着力发展了一种世俗化的理论，把现代性和世俗化系在一起，并将之视为神圣宗教生活衰退的进程。[4]其中，世界的祛魅、宗教的私人化、宗教和政治的分离成为最主要的三个特征。神圣叙事的解构让人更易于接受那些带有调侃甚至报复意味的话语——这当然是精神分析家乐于看到的，因此尼采有关"上帝之死"的论断逐渐成为一种事实的描述。[5]针对实

1　彼得·贝格尔：《神圣的帷幕：宗教社会学理论之要素》，高师宁译，上海人民出版社 1991 年版，第 128 页。

2　有关"生活世界"理论，可参见胡塞尔：《生活世界现象学》，倪梁康、张廷国译，上海译文出版社 2005 年版。

3　例如贝克（Howard Paul Becker）对神圣感和世俗感做了社会心理结构分析，他将神圣感区分为圣洁的、仪式性的、忠诚的、亲密的、纪念性的、道德主义的、舒适的以及恰当的，并将世俗感区别为追随（潮流）的、（注重）结果的、（感到）安逸的以及（感到）激动的。参见 Howard Becker, "A Sacred-Secular Evaluation Continuum of Social Change", in *Transactions of the Third World Congress of Sociology*, International Sociological Association (ed.), London: International Sociological Association, 1956, pp. 19-41.

4　分别参见 Steve Bruce, *Religion in the Modern World: From Cathedrals to Cults*, Oxford: Oxford University Press, 1996; Talcott Parsons, Edward Shils, Kaspar D. Naegele, Jesse R. Pitts, *Theories of Society: Foundations of Modern Sociological Theory*, New York: Free Press, 1961; Peter Berger, *The Sacred Canopy: Elements of a Sociological Theory of Religion*, New York: Doubleday, 1967; David Martin, *A General Theory of Secularization*, Oxford: Blackwell, 1979; Bryan Wilson, *Religion in Sociological Perspective*, Oxford: Clarendon Press, 1982.

5　然而，这种观点不能简单地从字面意义上去理解。因为尼采有关信仰的论述提示了一种宗教信仰在生活世界的重生，这种反抗性的、改变着的甚至带有讽刺意味的重生在根本上是神圣性在教会传统之外的表达。（参见 Roy Jackson, *Nietzsche and Islam*, London & New York: Routledge, 2007, pp. 60-61.）如基（Alistair Kee）所言，宗教信仰和哲学信仰的区别不甚清楚。尼采的信仰既被宗教的理解渗透又受宗教观点的影响……然而变得清晰的是，尼采对宗教的拒绝——在教会组织形式层面——应该与其对神圣本身的思考区分开来。一个实在的非宗教人士是无法如此深

有的宗教现象，布鲁斯对世俗化诸多要素的联系进行了严密分析，他得出了如下结论：总而言之，世俗化范式认为，西方宗教的衰落并不是偶然的，而是各种复杂的社会变革意料之外的结果，为简便起见，我们称之为现代化。世俗化不是不可避免的，但是除非我们能设想一种个人日益增长的文化自治的逆转，否则世俗化必须被视为不可逆转。[6]简言之，布鲁斯认为，宗教的世俗化成为历史的发展趋势和定局（图表如下）。

世俗化表格[7]

				一神论（R1）
宗教改革（PR）				
个体主义（RO1）		新教道德（E1）		理性（R2）
分裂倾向（RO2）	工业资本主义（E2）			
	经济增长（E3）			科学（R3）
	社会分工（S1）	结构分化（S2）		技术（R4）
				技术观念（CS1）
分裂倾向（RO3）	社会和文化多样性（S3）	平等主义（S4）		
专业且自愿的团体（S6）	宗教多样性（RO4）	世俗化阶段和自由民主（P1）		

　　远地思考这个议题的。（参见 Alistair Kee, *Nietzsche Against the Crucified*. London: SCM Press, 1999, pp. 142-243.）

6　参见 Steve Bruce, "Secularization", in *The New Blackwell Companion to the Sociology of Religion*, Bryan S. Turner (ed.), Oxford: Wiley-Blackwell, 2010, pp. 125-140.

7　参见 Steve Bruce, "Secularization", in *The New Blackwell Companion to the Sociology of Religion*, Bryan S. Turner (cd.), Oxford: Wilcy-Blackwcll, 2010, pp. 125-140.

	温和的教派及教会（RO5）		
	相对主义（CS2）	区分和私人化（S5）	

（其中 R=理性化；RO=宗教组织；E=经济；S=社会；P=政体；CS=认知类型）

　　然而，正如人们所见，宗教的世俗化和现代化本身并非多么美好的事物。其直接表现是：尽管怀疑主义和虚无主义支撑了现代性的不断发展，但现代性本身并不欢迎这位故友的始终在场。现代性的自治是暴力的，它拒绝一切非现代性的东西，以致现代化本身成为一种专制手段——这与传统的宗教发展并无区别。换言之，一种文化自治的逆转不会在传统的意义上发生，但其形式已在政治正确的霸权话语中有所体现；而一旦文化的自治成为一种主体的意识幻象，那么他者必然会缺席。所以，世界的祛魅、宗教的私人化、宗教和政治的分离不仅要作为主角呈现在现代的舞台中，而且宗教的世俗化本身应该成为未知敌人的对手——多元宗教共同参与着这一幕宗教历史戏剧的塑造。斯塔克以自由宗教市场类比多元宗教的剧场，在复杂宗教现象的分析上是具有启发性的，它将平等而非进步视为宗教当代发展的属性：美国的宗教活力可以通过其在宗教商品方面有自由市场以及此类商品的提供者之间存在可观的竞争来解释。多样性使所有人都能找到适合自己利益的宗教，这降低了成本，使得新宗教的创造更加容易，并且为神职人员提供了吸引追随者的动机。[8]这样，宗教的世俗化在文化自治而非专制中表达为宗教自身的新发展。

二、世俗化的新解释

　　由此，宗教的世俗化更应该理解为神圣宗教的非神圣化或宗教神圣的意义扭转，且宗教并不随着神圣内涵的变换而消亡。在这个意义上，西方的世俗化当然可能只是暂时的，人们对宗教的兴趣始终存在，这表现为当一种宗教传

8　参见罗德尼·斯达克、罗杰尔·芬克：《信仰的法则：解释宗教之人的方面》，杨凤岗译，中国人民大学出版社 2003 年版，第 237-268 页。有关宗教的理性选择理论亦可见 Laurence R. Iannaccone, "Rational Choice: Framework for the Science Study of Religion", in *Rational Choice Theory and Religion*, Lawrence A. Young (ed.), New York & London: Routlegde, 1997, pp. 25-44.; R. Stephen Warner, "Convergence Toward the New Paradigm", in *Rational Choice Theory and Religion*, Lawrence A. Young (ed.), New York & London: Routlegde, 1997, pp. 87-104.; W. S. Bainbridge, *The Sociology of Religious Movements*, London: Routledge, 1997.

统下降时，另一种宗教传统将填补空白——基督教现在至少经历了 150 年的衰落且每一波争夺者的更替（20 世纪 20 年代的五旬节运动（the Pentecostal movements），60 年代的灵恩运动（the charismatic movements），70 年代的新宗教运动（the new religious movements）和 90 年代的新时代精神运动（the New Age spirituality））都未能使越来越多的人摆脱任何团体性的宗教兴趣。[9]宗教兴趣的保留和信仰方式的转变说明宗教的世俗化进程从未如世俗化理论家们描述的那么顺利，伊斯兰教运动的兴盛和福音派的增长作为非世俗化的重要例证，[10]更是直接质疑现代化和世俗化的历史可靠性。在此基础上，一种连续转变的事件历史观念取代了自治的历史断代方法，宗教的世俗化成为一个事件，而不再是一种历史的决定性走向。"我们所走入的后现代世纪的主要导向之一，就是摒弃对待宗教信仰的现代方式，按照这种方式，既否定其先验的和绝对的真理性，又使其仅限于与私人生活领域相关。后现代意识相信，在建构一种世界观方面，宗教直觉和感性的、数学的和逻辑的直觉至少处于同等地位；而且还相信，特别宣称我们世界观的宗教导向同公共生活不相干，这是不合理的。"[11]概言之，宗教的世俗化作为宗教的现象，不仅是现代性的，它与后现代也紧密相关。

针对与欧洲社会世俗化截然不同的宗教复兴的景象——尤其是美国和其他地区宗教的发展[12]，戴维（Grace Davie）反思了以往宗教社会学理论致力于

9　在更广的范畴，新宗教运动（new religious movements）被包含其中，西方宗教的东方化、神秘学的复兴、精神能量的繁荣，都是其主要表现。详见 Bryan Wilson & Jamic Cresswell (eds.), *New Religious Movements: Challenge and Response*, New York: Routledge, 1999.

10　参见彼得·伯格编：《世界的非世俗化：复兴的宗教及全球政治》，李骏康译，上海古籍出版社 2005 年版，第10-11 页。

11　格里芬：《后现代宗教》，孙慕天译，中国城市出版社 2003 年版，序言第 2 页。

12　根据格里利（Andrew M. Greeley）的研究，世俗化与非世俗化的情形分别发生在不同的欧洲国家中，具体的欧洲宗教的案例分析参见 Andrew M. Greeley, *Religion in Europe at the End of the Second Millennium: A Sociological Profile*, New Brunswick: Transaction Publishers, 2002. 就此而言，怀特海（Alfred North Whitehead）对欧洲各民族目前的宗教状况所作的说明是合适的："这里的现象是复杂而混乱的。宗教的反作用和复兴是存在的。但总体上说，许多世代以来，宗教对欧洲文化的影响在逐渐衰退。每一次复兴都只能达到比前人低一等的高峰，而每一个松懈时期则陷入一个比前人更低的深渊。平均的曲线说明宗教的声势是日益消沉的。某些国家的宗教兴趣比其他国家要浓，但是，即使在那些宗教兴趣相对浓厚的国家，宗教兴趣还是随着世代的延续而衰退。"（怀特海：《科学与近代世界》，黄振威译，

将现代性与世俗化紧密联系并将之视作社会发展规律的局限。因为宗教的复兴不单单是一种社会进程的描述，它由诸多复杂的因素构成。世俗化对现代化进程是内在的还是外在的？答案需要我们密切的、跨学科的关注。从逻辑上讲，它不仅要求对宗教社会学的范式，而且要求对整个社会科学的范式进行根本性的反思，以使宗教在现代世界中具有持久的意义。宗教继续影响着人类社会几乎每一个方面——经济、政治、社会和文化，人们再也不能把它放在过去或社会科学分析的边缘。因此，经济和社会科学面临的挑战是：重新发现宗教在21世纪经验主义现实中的地位，以及为理解这一点而采用的范式。简而言之，"社会科学本身，就像它的主题一样，必须回应再神圣化的要求"[13]。由此，一种宗教复兴现象的社会学研究呼求更多的诠释，神学和哲学尤其应当做出回应。如乔阿斯（Hans Joas）所言，唯有创造一个对话的空间，世俗主义者才能真正理解非世俗主义者的宗教观念，才能从自身的、与前者类似的预设偏见中解放出来。在此基础上，信仰（和非信仰）作为一种自由选择才真正成立。[14]

第二节　后现代的转向

一、后现代的状况

解释学的发展拓宽了人类言说的边界，因此尽管在逻辑范畴，后现代与宗教并不能处于并列的位置，但在事件哲学[15]的层面，后现代内在地呼唤宗教做出转向。事件的发生不断赋予其处境活的特性，[16]其结果是，在现代社会，宗

北京师范大学出版社2017年版，第215页。）但在全球范围，宗教的复兴也已被证实，在欧洲和伊斯兰世界之外，诸如拉丁美洲、非洲、日本、中国、东南亚、印度、美国都呈现了宗教复兴的趋势。（参见 Rodney Stark, *The Triumph of Faith: Why the World is More Religious Than Ever*, Wilmington, DE: Intercollegiate Studies Institute, 2015.）而且，宗教复兴在观念上不是复古的，被复兴起来的宗教已经与之前有了巨大转变。东正教自90年代开始复兴，信仰的人数多了，却不一定信仰上帝。

13 Grace Davie, "Resacralization", in *The New Blackwell Companion to the Sociology of Religion*, Bryan S. Turner (ed.), Oxford: Wiley-Blackwell, 2010, pp. 160-178.

14 参见 Hans Joas, *Faith as an Option: Christianity's Possible Futures,* Alex Skinner (trans.), Stanford: Stanford University Press, 2014, pp. 6-7.

15 有关事件哲学和事件神学的详细内容，参见正文第二章。

16 维利里奥（Paul Virilio）以速度本有诠释现象的做法，一定程度上揭示了事件哲学的内含：速度在瞬间爆发、绵延中密集地构建世界。（参见 Paul Virilio, *Open Sky*, J. Rose (trans.), London: Verso, 1997, p. 12.）这一理论尤其适合现代社会和后现代社会的分析，其中，速度从被描述者转变成主体。

教被排斥在科学话语和技术经济的边缘，而在后现代社会，已发生和未发生的宗教事件在人的诠释中重新铸就自身的意义——一种自治的宗教话语和权力在现代性的废墟中被建立起来。根据利奥塔的说法，"后现代主义是现代主义的一部分，它在表现里面召唤那不可表现之物，它拒绝正确的形式的安慰，拒绝有关品位的共识，这种共识允许产生对不可能事物的怀旧感的共同体验，并且探索新的表现方式——不是为了从它们那里得到快感，而是显示更好地产生存在着某种不可表现之物的感觉"[17]。这不可表现之物在哲学中是高尔吉亚口中的存在（如果有物存在的话），[18]在艺术中是波德莱尔所谓"秩序和美"[19]——宇宙（kosmos）的体验，在宗教中是那难以被言说清楚的神圣（或神圣者）。"所以，什么是后现代呢？如果它在对主宰意象和叙事的规则提出疑问的令人眩晕的工作中占有位置，那么是什么位置？它无疑是现代的一部分。所有接受到的东西都必须被怀疑，即便它只有一天的历史。……一部作品只有首先是后现代的才能是现代的。这样理解之后，后现代主义就不是穷途末路的现代主义，而是现代主义的新生状态，而这一状态是一再出现的。"[20]

因此，后现代主义中的"后"字，在利奥塔看来，意味着纯粹的接替，意味着一连串历时性的阶段，每个阶段都可以清楚地确定；与此同时，"后"字还意味着一种类似转换的东西：从以前的方向转到一个新方向。方向的转换暗藏处境变换带来的未知，即后现代状况下的存在者，部分面临着复杂化的挑战，部分面临着它自身的生存的古老而可怕的挑战。这样，"后现代"的"后"字并不意味着一个恢复、闪回或反馈的运动，也就是说，不是一种重复的运动而是种"ana-"的过程：一种分析、回忆、神秘解释、变形的过程，以详述一种"原初的遗忘"。[21]"重写现代性"经常在回忆的意义上被理解，[22]宗教和神

17 利奥塔：《后现代性与公正游戏：利奥塔访谈、书信录》，谈瀛洲译，上海人民出版社2018年版，第118页。

18 高尔吉亚的《论不存在》和巴门尼德的《诗歌》呈现了两种不同的存在，具体分析可参见芭芭拉·卡桑：《思想岛》，陆源峰、何祺韡译，北京师范大学出版社2019年版，第22-27页。

19 参见 Charles Baudelaire, *Oeuvres Completes de Charles Baudelaire*, vol. 2, Charles P. Baudelaire & Theophile Gautier (eds.), Caroline: Nabu Press, 2012.

20 利奥塔：《后现代性与公正游戏：利奥塔访谈、书信录》，谈瀛洲译，上海人民出版社2018年版，第116页。

21 参见利奥塔：《后现代性与公正游戏：利奥塔访谈、书信录》，谈瀛洲译，上海人民出版社2018年版，第120-124页。

22 海德格尔认为回忆产生一种回响，而回响是一种再生成。"通过一种回忆使这种被

圣话语的复归成为一种必然。"确定现代的组构引起的罪行、罪孽、灾难，并最终显示出神谕在现代性的开端准备的、在我们的历史中最终实现的命运，成为后现代的潜在使命。"[23]

在解释学层面，利奥塔将后现代的叙事称为异教主义。异教主义在于这一事实，即"每个游戏是按其本来面目来玩的，这意味着它不把自己作为所有其他游戏的游戏或唯一真正的游戏"[24]。对利奥塔来说，语言游戏规则本身就是社会规范，人们所依赖的那种"元叙事"的神话已经走向消亡了。在后工业社会和后现代文化中，"知识合法化"的程序是以相异条件的言说来构成的。"正统叙事说法已经不能奏效，无论其说法使用哪种整体系统，或属于纯粹思辨性的叙事，还是属于独立的解放叙事。"[25]叙事的主体转换使得故事结构不断更新，于是，在后现代的诠释空间中，宗教能够最大程度地敞开自身——多元宗教对政治、经济、文化、教育、艺术的深度参与，真正地构筑起非支配性的、块茎式的、非层级的神圣—世俗空间。在这空间中，存在不是别的什么，只是彼此共在之在。存在在"共"之中循环（circulation），且作为"共"置身此单一的多元共存（singularly plural coexistence）之中。如此一来，除了循环的意义，存在的意义再无他物。然而，这种循环同时向各个方向流动，在所有空间时间的各个方向，由在场向在场敞开：一切事物、一切存在者、一切实体、所有过去的和未来的、活着的、死去的、无生命的、石头、植物、钉子、诸神和"人类"，即那些通过言说"我们"展示分享和循环、在所有可能的意义上向自身言说"我们"、为了一切生命言说"我们"的存在者。[26]诸宗教和诸信徒，

遗忘状态作为在其隐蔽强力中的遗忘状态显露出来，其中就有存有之回响。"（海德格尔：《哲学论稿：从本有而来》，孙周兴译，商务印书馆 2016 年版，第 127 页。）

23 利奥塔：《后现代性与公正游戏：利奥塔访谈、书信录》，谈瀛洲译，上海人民出版社 2018 年版，第 133 页。

24 利奥塔：《后现代性与公正游戏：利奥塔访谈、书信录》，谈瀛洲译，上海人民出版社 2018 年版，第 43 页。"诠释和理解'游戏'和'宗教'两词并不意味着寻求两者在隐匿相似性中的统一，而是意味着与一种在词中被封闭的普遍信仰的展开相遇。"（René Gothóni, *Words Matter: Hermeneutics in the Study of Religions*, Bern: Peter Lang, 2011, p. 187.）诠释学敞开的空间是跨越式的，神圣范畴与世俗范畴，信仰与非信仰，在主动的交通中自发呈现所谓的真理。在这个意义上，真理从属于智慧，它诞生在善与真的行动中。

25 利奥塔：《后现代状况：关于知识的报告》，岛子译，湖南美术出版社 1996 年版，第 122 页。

26 参见 Jean-Luc Nancy, *Being Singular Plural*, Robert Richardson, Anne E. O'Byrne (trans.), Stanford, California: Stanford University Press, 2000, p.3.

在此存在者的意义上，置身相同的后现代处境。

事实上，在现代叙事的强力破坏中，一种难以抹除的后现代的痕迹早已显露。范胡泽宣称，后现代理论拒绝如下现代的假设：（1）理性是绝对的及普遍的；（2）个体是自治的，能够超越其在历史、阶级以及文化中所处的位置；（3）普遍原则及程序是客观的，与此同时偏好是主观的。[27]而真理的话语一旦被重新言说，大写的理性、主体和规则便会在类比、隐喻、修辞、智术中消解。如利奥塔所说："一种超越宗教和无神论的东西，就像对罗马的模仿，因此我们完全不愿意'证明'马克思的政治学和政治经济学充满了宗教、和解和希望——尽管我们必须这样做，而且不可能回避这种学术讨论。"[28]政治经济学被力比多经济学替代，情欲、心理的俄狄浦斯比社会的、宗教的俄狄浦斯更容易接受，弗洛伊德的家庭故事在非科学诠释的层面依旧迷人。

诚然，弗洛伊德的出众追随者从来都未曾放弃那种鬼魅而具有迷惑力的叙事语调，在弗洛伊德的故事的基础上，一种对父系宗教的反叛在女性的被压制中爆发。"然而，还有一物留存：他（基督）并没有被'上帝就是爱'背后的虚无所安抚，甚至没有被安置在母亲平静站立的身体里——一具被转移的、隐秘的身体，中介物，一条在缺席、破碎的面容和照看婴孩之间的通道。正是这一点，构成了基督母子关系的谜，它使基督教和任何宗教所特有的强迫症发病率翻倍，但在圣母玛利亚的眼中，以及在我的口中，上帝已经在他身上黯然失色。"[29]母亲而非父亲的身份，承纳了恐怖或神圣带来的压抑。女性主义对后现代理论的密切关注，在叙述方面表现为，女性从倾听者和服从者转换成恐怖故事的书写者。其中，男性、男人、男孩，由自恋的满足走向了匮乏；女性、女人、女孩则从对父权、感性和阴茎的依赖中重新发现了自身的优势。[30]伊利格瑞（Luce Irigaray）称哲学和宗教都是男性的非自然产子，男性的再生产在智性层面得到弥补。[31]大地、母爱和欲望在后现代的宗教中得到了全面的解放，一种新的神圣的话语被真切地"生成"。

27　参见范胡泽编：《后现代神学》，高喆译，上海人民出版社 2014 年版，第 8 页。

28　Jean-François Lyotard, *Économie Libidinale*, Paris: Les Éditions de Minuit, 1974, p. 127.

29　Julia Kristeva, *Polylogue*, Paris: Éditions du Seuil, 1977, p. 146.更详细的论述参见 Catherine Clément & Julia Kristeva, *The Feminine and the Sacred*, Jane Marie Todd (trans.), New York: Columbia University Press, 2003.

30　弗洛伊德和拉康对女性生理、心理欲望的精神分析无疑是启发性的。

31　参见 Luce Irigaray, *Between East and West: From Singularity to Community*, Stephen Pluháček (trans.), New York: Columbia University Press, 2002, p. 27.

　　由此，不难看出，神圣话语的孕育是解释学的必然，但其事件性又使得被孕育者具有身体和思想的偶然特征。临时和偶发，让后现代的生产物不再追求再现，即使作为现成品，仍然有一种迥然不同的意义被生成。换言之，后现代的存在者不仅接受了神圣话语的呼召，且其并不知晓那即将显现者的容貌，后者只有一副面孔。于是，在深刻的暧昧与模糊中，他者的出现成为主体的真实幻想，在意义的实在化中，这幻想称为被诠释的实在物。

　　具体言之，一方面，后现代在西蒙（Josef Simon）的"基本符号"即身体（soma）自由的基础上完成了话语—身体的论述。其中，后现代的身体与神圣的"肉身"（body）在根本上被区别开来：神圣的肉身是一种双重的存在，一种特殊的物质类型，缺乏身体本身的自我可理解性——正如拉丁弥撒中被高举的主人一样，这是一种奇观，而不是基本的能指；[32]而后现代的身体是解释性的，它遵从自身的语义学，其意义在能指功能的反身中神圣化了自身。换言之，神圣的肉身仍然在再现的领域之内，有其律法和法典；后现代的身体作为一种现成品，在与诠释处境的交互中，被不断定义、解构，它是无政府的话语。由此，神圣话语实际在逐步远离宗教这一实体。

　　另一方面，后现代呈现出惊人的模糊性和包容性。在灵魂或心灵层面，理性和非理性在宗教领域对立并以荒谬的方式共存着——理性不再寻求一种排斥性的胜利，非理性同样不再深信灵性始终在自身之中。格里施（Jean Greisch）将其看作当代诠释学要处理的主要议题之一，并直接将之与人的智性相关：他认为"理解不可理解之物作为生活特质的独特表达——一种难以避免的自相悖谬，使得智性在异质的模糊中得以整全"[33]。施莱格尔（Karl Wilhelm Friedrich Schlegel）、施莱尔马赫（Friedrich Daniel Ernst Schleiermacher）、奥托、费希特、雅各比（Russell Jcaoby）、海德格尔[34]对非理性的陈述，让理性和非理性的承

32　参见 Carl Raschke, "Indian Territory: Postmodernism Under the Sign of the Body", in *The Blackwell Companion to Postmodern Theology*, Graham Ward (ed.), Malden, MA: Blackwell Publishing Ltd, 2001, p. 513. 有关"基本符号"，参见 Josef Simon, *Philosophy of the Sign*, George Hefferman (trans.), New York: State University of New York Press, 1995, p. 191.

33　Jean Greisch, *L'arbre de Vie et L'arbre du Savoir*, Paris: Le Cerf, 2000, pp. 138-140.

34　其中，施莱尔马赫认为，情感和直观是同一种东西，而理性与之相关。此外，他尤其强调信心与教会、历史的关系，反对一种信念的宗教。（参见 Friedrich Schleiermacher, *On Religion: Speeches to Its Cultured Despisers*, John Oman (trans.), London: K. Paul, Trench, Trubner & Co., Ltd., 1893, pp. 35-38, 147-209.）奥托认为沉迷的非理性与"图解"的观念都是神秘的表现方式。（参见鲁道夫·奥托：《神圣

载者而非理性本身置身存在范畴的中心，后现代话语由此获得了非一般的心灵或灵魂。于是，实在与非实在的界限在话语与意义的不断消解和生成中被打破了；自然地，真理也随之消解了。

二、后现代的宗教内容

巴迪欧（Alain Badiou）通过对保罗的诠释，描述了一种后现代的真理观念：没有什么普遍的真理和普遍的哲学，真理事件取消了哲学的真理。保罗详细地展示了一种普遍的思想是如何在他性的世界性涌现（犹太人、希腊人、女人、男人、奴隶、自由人，等等）基础上产生一种相同和平等的（不再有犹太人、希腊人，等等）；巴迪欧则坚持认为，哲学所需的不是普遍真理的生产，而是通过锻造和重现表达真理的范畴来组织对普遍真理的综合接受。[35]换言之，真理事件是解释性的，在基督复活的宣告中，传统的、普遍的神圣真理断裂了。而现在，这一断裂在宗教的回归中又得到了弥合，那些碎片般的绷带，正是真理的当前形式。所以，即使是德里达（Jacques Derrida），也在其后期著作中开始讨论某些"超越"解构的事物，更准确地说：解构性的分析"是以某种必然不可解构的事物之名而进行的"，其结论是，这种事物便是公义。[36]解构与真理同质但不同构，公义成为一种不可还原亦无需还原的事件，甚至对解构的观察也是不可能的。对德里达来说，"礼物同公义一样，一旦我们将某物赠予他人，我们便立即把他放到亏欠者的位置上，因而这是一种索取，而非赠予。礼物消失在计算、利益以及权衡之网中"[37]。传统的真理一旦出现便开始走向失落，[38]现代性的高光在后现代的境遇中转瞬即逝，历史的书写者与神圣

者的观念》，丁建波译，江西教育出版社 2014 年版，第 135-146 页）费希特认为接受一种给定的现象作为神圣天启是可能的，且感觉本就是自我的努力。（参见费希特：《费希特文集》（第 1 卷），梁志学编译，商务印书馆 2014 年版，第 103-118、706-716 页）雅各比宣称信念和欲望都是暴力的——这种感知通过同质的共情实现，而理性和非理性这一对灵魂的双胞胎，其冲突可以隐晦地理解为个体灵魂在功能层面互相残杀。（参见雅各比：《杀戮欲：西方文化中的暴力根源》，姚建彬译，商务印书馆 2013 年版，第 1、167-171 页）海德格尔将理性和非理性都纳入存在的经验及直观之中。（参见海德格尔：《哲学论稿：从本有而来》，孙周兴译，商务印书馆 2016 年版，第 187-196 页。）

35　参见 Alain Badiou, *Saint Paul: The Foundation of Universalism*, Ray Brassier (trans.), Stanford, California: Stanford University Press, 2003, pp. 107-111.

36　参见范胡泽编：《后现代神学》，高喆译，上海人民出版社 2014 年版，第 17 页。

37　范胡泽编：《后现代神学》，高喆译，上海人民出版社 2014 年版，第 17 页。

38　在这个意义上，库恩的范式转换和波普尔的证伪主义显然是合理的。参见库恩：

同行。宗教，不再保存永恒的、神圣的真理。[39]

所以，可以这样说，弥赛亚是不可预见者及超越者，它总是被渴望，但从来无法获得。基于这种观点，后现代状况在本质上——亦即在结构上——是弥赛亚式的：天然对他者及差异者的到来开放。因此，信仰，而非理性——信仰一种非宗教的（即弥赛亚式的）宗教——是后现代状况的流行病。[40]范胡泽在哈维（David Harvey）的基础上，将后现代状况一般性地描述为一场经验的革命，其中人反对"自然"、进行反偶像崇拜的净化运动、回归被压抑者、恢复"弥赛亚"宗教。[41]神圣，在信仰话语的转变和开放中，拥有了新的含义。

当然，后现代同样支持一种反对的观点，即自然神论的复兴、偶像崇拜的再次出现甚至无神宗教的建立都不会被排斥，在极端的意义上，与宗教相关的冲突和战争也是被允许的（值得一提的是，后现代的战争从未像现代战争一样令人毛骨悚然，即使前者公然支持一种合宜的争斗）。正如普拉舍（William C. Placher）所言，后现代并不真正支持一种"平等的"多元主义。通过对宗教与科学的关系、不同宗教间的对话以及神学方法的分析，[42]普拉舍证明了这三种冲突对多元信仰造成了根本的困扰——后现代作为新乌托邦的理想显然已经破灭。然而，尽管和平的、平等的多元主义难以实现，但冲突中的多元确是一种事实，这为诸宗教和诸神圣的回归开放了共同的空间。事实上，对多样性言说和辩论的需求，恰恰能够让诸信徒和非信徒参与其中、进行真正的聆听。神圣话语的诠释，在其中敞现。

概言之，如拉康（Jacques Lacan）所言："在历史上，有那么一个时候，有足够多的无所事事的人特别地关注这个行之不通的东西，并就它的初始状态给出一个'行之不通'的表达，如果我可以这样说的话。正如我刚刚给你们解释过的那样，这一切就开始反复循环，所有的一切都将会浸没在同样的东西里，浸没在我们已经认识了好几个世纪的东西中，最令人厌恶的东西中，而且这些东西还会自然地再度复原。宗教正是为了这个，为了治愈人们而建立，也

《科学革命的结构》，金吾伦、胡新和译，北京大学出版社 2012 年版；波普尔：《猜想与反驳：科学知识的增长》，傅季重等译，中国美术学院出版社 2006 年版。

39 在后现代语境下，宗教对话寻求的真理多表达为：什么或谁（神圣或神圣者）是真？对方为何真？最少地论证自身之真实。

40 参见范胡泽编：《后现代神学》，高喆译，上海人民出版社 2014 年版，第 19 页。

41 参见范胡泽编：《后现代神学》，高喆译，上海人民出版社 2014 年版，第 14-16 页。

42 William C. Placher, *Unapologetic Theology*, Louisville, Kentucky: Westminster/John Knox Press, 1989, pp. 3-9.

就是说，为了让他们感受不到是什么行之不通。"[43]后现代，在此意义上，从宗教的言说中解放了神圣。

第三节　宗教的再兴起

一、宗教复兴的必然

当前的宗教复兴，作为一种社会文化现象，总被视作是后现代的。[44]这种后现代性不仅在时间上标记历史的转向，而且意味着非同寻常事物的出现。在洛（Walter Lowe）看来，后现代作为一个事件，显然与"福音的到来"相关。他认为，"后现代宣告了一个事件：后现代主义的出现。这种宣布，本身就是一个事件或行动，有一定的形式和语调。它参与了某种文学体裁，也就是福音书"[45]。"好消息"预告新的世界，这世界正是呈现为复兴和多元化的后现代的世界。所以，贝格尔和马田宣称世俗化的理论需要倒转是恰当的，毕竟宗教的未来既不是"宗教的完结"，也不是"复活之神的时代的来临"，而是"在世俗化的文化中，继续发现超自然的存在"。[46]贝格尔以"世俗神学"的方式诠释《使徒信经》，其意便在指明世俗时代宗教信念与神圣的相关性。[47]格里芬则宣称，后现代世界观不仅使信仰的复兴成为可能；而且由于给上帝留下了位置，它又使上帝信仰再一次成为自然而然的事情。这种世界观从而也就又能自然而然地把世界看作是客观价值的实体化和终极目的的表现，以致相对主义和虚无主义就被推翻了。它还使认为世界本质上是一种精神母体（spiritual matrix）的思想成为自然而然的，以致我们的宗教推动了与真实的实在和谐一

43　拉康：《宗教的凯旋》，严和来、姜余译，商务印书馆 2019 年版，第 67 页。

44　如鲍曼（Zygmunt Bauman）所言，后现代的宗教研究不强求对宗教进行所谓的准确定义，因为宗教性本身就意味着人在面对超越者或神圣性上具有本能的认知不足。在全能上帝的不足中，在上帝的缺席中、在反末世论的革命中，在非本体的不确定性中，在此世的超越中，人文精神在解释的更迭中迎来新的神圣的消息。（参见 Zygmunt Bauman, "Postmodern Religion?", in *Religion, Modernity and Postmodernity*, Paul Heelas (ed.), Malden: Wiley-Blackwell, 1998, pp. 55-78.）

45　Walter Lowe, "Is There a Postmodern Gospel?", in *The Blackwell Companion to Postmodern Theology*, Graham Ward (ed.), Malden, MA: Blackwell Publishing Ltd, 2001, p. 491.

46　Peter L. Berger, *A Rumor of Angels: Modern Society and the Rediscovery of the Supernatural,* New York: Anchor Books, 1970, p. 29.

47　Peter L. Berger, *Questions of Faith: A Skeptical Affirmation of Christianity*, Malden, MA: Blackwell Publishing Ltd, 2004.

致，并促使我们摆脱唯物主义。这种关于宇宙的终极力量以劝服的方式行动的观念，引导我们去效仿这种行为方式从而反对军国主义，特别是反对核威慑论。最后，这种世界观把我们大家描述为具有共同的神圣源头，生活在共同的神圣实体中间，并且具有共同的神圣目标，这就强化了我们彼此之间的亲密感。宇宙的神圣实体就寓于我们之中，而我们也寓于它之中，从而我们的生命也就因它而具有了永生的意义。我们不能侵害与我们共存的其他造物的生活，而因此也就没有背离我们自己生存的神圣起源和神圣目标。[48]这样，神圣于宗教中复兴，成为了一种必然。

事实上，宗教的复兴早在世俗化理论中就有了端倪，比如贝拉就把世俗化现象解释为宗教的进化而不是衰退的过程。这种看法首先与贝拉对宗教的定义有关，他认为宗教是"把人与其生存的终极条件联系起来的一套象征形式和行为"，且象征随着社会的复杂化而逐渐向前进化。宗教的私人化，使它较少地受到组织化的控制，它允许个人选择他们所要接受的世界观，个人有更大的自主性去创造他们自己的意义体系。这种更大的自主性就是代表了人类的进步。[49]

利里（Joseph Stephen O'Leary）同样认为，后现代只是现代的增速，宗教的根基仍然立于其上——十九世纪的世界宗教会议显然已经对此状况有了一定的预料。[50]如今，受到后结构主义理论家和当代文化中宗教多元主义意识增强的影响，宗教传统的解释学被迫更进一步。这一步要求其充分认识到所有宗教的偶然性，认为所有宗教都是人类的结构，它在特定文化背景产生，并直接

---

48 要恢复上帝信仰，而又要保留对自由、经验和理性的现代性承诺，这在今天只有根据后现代世界观才是可能的，而后现代世界观同时克服了关于自然和经验的现代实体性假设以及关于神力的传统有神论假设。如果肯定上帝和现代性具有可比性，那么仅仅明白晓畅地谈论上帝的方式就向现代世界观提出了挑战。时下很多人是根据一种后现代世界观发出挑战的。但是，对于我们中间那些接受对自由、经验和理性的现代性承诺的人来说，这种挑战必须以一种后现代世界观为基础，这样，该承诺才能保留下来。反驳现代性的实体假设并不是恢复信仰的充分根据，因为现代的信仰失落部分地归因于传统上帝观念本身固有的问题。那种神力观念使上帝信仰与社会自由和思想自由的现代承诺对立起来。一种可行的后现代性也必须向持通常上帝观念的传统神力思想提出挑战。（参见格里芬：《后现代宗教》，孙慕天译，中国城市出版社2003年版，第104-113页。）

49 参见彼得·贝格尔：《神圣的帷幕：宗教社会学理论之要素》，高师宁译，上海人民出版社1991年版，译者序第21页。

50 参见 Eric J. Ziolkowski (ed.), *A Museum of Faiths: Histories and Legacies of the 1893 World's Parliament of Religions*, Atlanta: Scholars Pr, 1993.

被这些背景的偏见和特殊性标记。福柯（Michel Foucault）的问题是，理性能否与自身的相对性共存，一个真正的现代信仰也必须认识到：不存在有特权的观点，宗教的建构如同哲学或科学建构一样，必须在其独特且总是有限的价值的基础上上下浮沉或游动，在历史之海中受到对手的打击。宗教是脆弱的人类语言游戏，总是滑向陈词滥调。[51]因此，反绝对化宗教、寻求多元的启示的合理性至关重要，后现代的信仰事件和信仰之道只有倍加呵护，才可能有些许真正的成长。

在历史层面，后现代的宗教复兴只是重复并颠覆着那个古老的故事，它从使徒保罗写给罗马人和希伯来人的使徒书信开始。犹太人的书说上帝是种声音；没人可以接近他可见的存在。人们不能越过把犹太教会堂分成两个部分，把内殿隔离开来的帷幕（除了一年一次，由上帝选择的一个教士以外）。所有假装成神圣的人都是骗子：偶像人物、有魅力的领导人、至高无上的指导者、假先知、上帝之子。正义与和平的法则不会化身为人。它不会给我们追随的榜样。它给了你一本充满了需加解释的书去阅读。不要试图跟它妥协。你属于它；它不属于你。但是，保罗说这不是那么回事，教堂的帷幕在耶稣钉在十字架上那一刻被"一劳永逸"地扯了下来。这位使徒重复说，耶稣的牺牲"一劳永逸"地救赎了你们的罪。法律给了你们赦免，上帝把他的儿子和他儿子的死给了你们，作一个可见的榜样。上帝的声音通过他显露了出来。它清楚地说：像兄弟一样相爱。

这是一场革命。这是现代性的开始。基督教被建立起来，（几乎）毫不费力地取代了古老的异教而传播开来。但是，拿犹太教、拿那些不能勉强自己相信耶稣的神话的人、拿那些毕竟提供了第一本圣书和古老戒律的人——欧洲有文字记载的宗教的祖先——怎么办呢？拿那个揭示出帷幕并未升起的宗教怎么办呢？基督教欧洲的整个社会、政治、宗教和思辨历史证明，欧洲长期以来使用了各种手段（宗教审判、改变信仰、放逐、审查制度），来使犹太人的讯息失效，并放逐这一不信基督教的集体。一直要到 20 世纪，教会才修改

51 参见 Joseph S. O' Leary, "Religions as Conventions", in *The Blackwell Companion to Postmodern Theology*, Graham Ward (ed)., Malden, MA: Blackwell Publishing Ltd, 2001, p. 414-424.有关后现代的脆弱，亦可参见 Slavoj Žižek, *The Fragile Absolute,* New York: Verso, 2000, pp. 118-159.

它在这一问题上的立场。但这并不意味着欧洲的乡村和城镇会听从它的教导……[52]

这个古老的故事并未终结，与之相反，那些听厌了这个故事的人们选择给这个故事续上另一段剧情。奥克斯（Peter Ochs）认为，后现代对犹太教而言，至少有以下两种含义：其一，犹太人要从大屠杀对欧洲犹太人的毁灭中解放；其二，犹太人要从对现代世俗主义的同化中解放，即现代世俗主义现在已经失去了自己在西方的霸权。[53]换言之，对宗教事件的神学反思意味着一种新的价值在神圣废墟中被重新生成，大屠杀告诉我们，后现代的神学必须要进行有力的自我批评，人们要重新审视每一种文化或宗教框架，因为这种框架可能会在某种程度上贬低或否认对方的绝对且平等的尊严。这是压倒一切的诫命和宗教存在的根本原则，如果没有这种见证和由此得来的事实使其具有说服力，那么宗教事业的行为就缺乏可信性。[54]这样，一种新的宗教因素被加入到老旧的故事里，那些惯于说教的人才有新的东西可以谈论。

二、宗教复兴的基础

而在根本上，后现代的宗教复兴与人的意义生产方式相关。根据沃德的说法，在人类欲望的无休止中蕴藏着神学，或者至少可以说，蕴藏着一种神学化的冲动。偶像崇拜会是人类一直面临的危险，而神学话语总是竭力向我们发出警告。如果这一欲望没有在神学话语中找到表达，它就会给有限力量的内在领域施以重负，最终导致内爆。神学努力敞开人类欲望中不可抹除的无限维度，但偶像崇拜会盲目地自它可以在此时此地立刻实现一切欲望的目标。然而，没有什么有限之物能够代替无限，因此承载着无限重负的有限结构注定最终要内爆。[55]

因而，人们一方面因恐惧世俗化而走向世俗化，另一方面又在恐惧之中出离。其结果是，在崇高作为表象的时代，"宗教对生活中所有关系的渗透意味

---

52 利奥塔：《后现代性与公正游戏：利奥塔访谈、书信录》，谈瀛洲译，上海人民出版社 2018 年版，第 162-163 页。

53 Peter Ochs, "The Renewal of Jewish Theology Today: Under the Sign of Three", in *The Blackwell Companion to Postmodern Theology*, Graham Ward (ed.), Malden, MA: Blackwell Publishing Ltd, 2001, p. 326.

54 参见 Irving Greenberg, "Cloud of Smoke, Pillar of Fire: Judaism, Christianity and Modernity After the Holocaust", in *Auschwitz: Beginning of a New Era*? Eva Fleischner (ed.), New York: KTAV, 1977, p. 44.

55 参见威廉·弗兰克：《后现代的含混——超世俗还是宗教的回归》，《基督教文化学刊》2020 年第 1 期，第 2-35 页。

着宗教领域和世俗思想的不断的混合。圣物将会变得过于平常，人们难以有深刻的体验"[56]。"黑色理想"[57]将这一状况彻底摧毁，宗教的世俗化最终自行扭转，器物被赋予"珍贵"的神圣价值，人们在最平凡之物而非圣器中发现深刻的灵魂觉知。这样，世俗化本就带有轮回的性质。

在后现代，人类欲望的无限性远未过时。新的境况是，后现代世界提供了前所未有的可能性，来合并、内化看上去无止尽的物空间。新科技甚至可能实现某种无限的东西，因为它可以无止尽地生产和再生产。[58]万维网在原则上（如果不是在事实上的话）是无限延伸的。然而，把它等同于无限，本身就是一种偶像崇拜。我们的欲望必然会如此：它会欺骗你，让你在某种可以被把握和占有的有限之物中去寻找无限。因此，资本主义世界市场会生产出偶像崇拜的种种前所未有的场面与景象，它使我们得以进入从来未曾梦想过的物的领域，并给予我们支配它们的权力。当人类终于实现征服地球与真实的计划，且似乎没有受到任何阻力时，便会产生一种幻觉，我们已经克服一切反抗，没有任何事物存在于我们和系统之外。系统自认为是没有边界的，实际上，它把自己就当成了无限本身。但正当无限的维度似乎以这种方式被完全实现的时候，无限的他者却被省略、抛弃和遗忘了。在列维纳斯的代表作《总体与无限》中，这一无限的他者与完全总体化的系统之间的对照被建构成了其后现代思想的一个关键轴。许多后现代思想家都承认世俗性具有神学的前提，并以此追问这一发现对政治与社会的影响。[59]

在这一点上，齐泽克（Slavoj Žižek）描述了一种后现代与现代社会的暧昧性，其中宗教和神学的复兴以危险的方式亲近科学。[60]同时，齐泽克也认为，

56　约翰·赫伊津哈：《中世纪的衰落》，刘军等译，北京大学出版社 2014 年版，第 130 页。

57　阿多诺将现实社会描述为黑色背景，黑色理想便不只与艺术品和美学相关，宗教和神圣亦在其中。参见阿多诺：《美学理论：修订译本》，王柯平译，上海人民出版社 2020 年版，第 59-61 页。

58　创造论证明的类比和宗教的生活化诠释（某种程度的世俗化）结合成一种电子技术化的宗教，其中，人以信息的方式达成永生。参见 Eric Charles Steinhart, *Your Digital Afterlives: Computational Theories of Life after Death*, New York: Plagrave Macmillan, 2014.

59　参见威廉·弗兰克：《后现代的含混——超世俗还是宗教的回归》，《基督教文化学刊》2020 年第 1 期，第 2-35 页。

60　参见 Slavoj Žižek, *The Puppet and the Dwarf: The Perverse Core of Christianity*, Cambridge: MIT Press, 2003.

神学尤其基督教的辩护对世界来说具有救赎的作用[61]——此时上帝是受苦的，荣耀的神圣性被排斥在基督教之外。[62]另外，齐泽克还提出了一种"唯物主义神学"[63]，其中，在世俗、自然中复兴的神学成为绝对的主题。与之类似，德里达对宗教的批评多于对宗教的辩护，即使在他对好客、宽恕和礼物的更积极的处理中宗教主题显而易见，也试图把这些观念从宗教内涵中解放出来，但这使传统的宗教被解构为"无宗教的宗教"。德里达承认语言总体上有某种护教学的结构，甚至明确的神秘神学也与神之名相关——这一点体现在 khōra 的容纳和消失功能中，但它不能让我们直接进入神的世界。[64]神的名可以作为好客和宽恕的灵感，甚至可以作为责任和义务的提醒，但它不可能直接靠近神。这意味着，在后现代的语境中，神圣同样未能完全（被）呈现或揭示，且宗教的复兴与神圣的回归并不是亲缘性的。

这样一来，当前描述我们处于某事物"终结"的时尚——历史的终结（福山，Francis Fukuyama）、形而上学的终结（德里达）、现代性的终结（瓦蒂莫，Gianni Vattimo）、艺术的终结（丹托，Arthur C. Danto）、人的终结（对于福柯）——实际上也没有告诉我们什么。因为终结代表的是断裂和逃逸，而不是纯粹的消失。福山得出的终结观点，并不指一个个事件的发生，无论是重大的还是严重的事件，而是指历史，指一种所有人在所有时期的经历基础上被理解为一个惟一的、连续的、不断变化的过程。历史终结并不是说生老病死这一自然循环会终结，也不是说重大事件不会再发生了或者报道重大事件的报纸从此销声匿迹了，确切地讲，它是指构成历史的最基本的原则和制度可能不再进步了，原因在于所有真正的大问题都已经得到了解决。[65]

历史的终结带来人类的嬗变，后现代的人类学要求一种精神、技术、政治、经济、宗教层面的超越。自由民主国家最典型的公民是"最后之人"，一种由现代自由主义缔造者塑造的人，他把自己的优越感无偿献给舒适的自我保存。

61　参见 Slavoj Žižek, *Less Than Nothing: Hegel and the Shadow of Dialectical Materialism,* New York: Verso, 2012.

62　参见 Slavoj Žižek & Boris Gunjević, *God in Pain: Inversions of Apocalypse*, New York: Seven Stories Press, 2012.

63　参见 Slavoj Žižek, *The Parallax View*, Cambridge: MIT Press, 2006.

64　参见 Jacques Derrida, *On the Name*, Thomas Dutoit (ed.), Stanford, Calif.: Stanford University Press, 1995.

65　参见福山：《历史的终结及最后之人》，黄胜强等译，中国社会科学出版社 2003 年版，序言第 2 3 页。

自由民主创造了由一种欲望和理性组合而成但却没有抱负的人，这种人经过
对长远利益的算计，很巧妙地以一种新的方法满足了一大堆眼前的小小需要。
"最后之人"没有任何获得比他人更伟大的认可的欲望，因此也就没有杰出感
和成就感。由于完全沉湎于他的幸福而对不能超越这些愿望不会感到任何羞
愧。所以，"最后之人"已经不再是人类了。[66] 在这个意义上，宗教市场中的宗
教消费者，需要内在地被设想拥有一种向神秘和独特经验回归的倾向，否则信
徒的身份就会完全丧失。毕竟，宗教市场成立的根基是人追寻神圣的足迹并未
断绝。基于此，一种包含宗教的新的社会关系需要被建立起来。如孔汉思（Hans
Küng）所言，"切实地调节影响宗教关系的诸因素——政治、经济、伦理、教
育、医疗等，进而解决宗教之间的冲突，是普世价值在后现代社会的必然追求"
[67]，它构成了一种新的宗教关系人类学。

　　那么，什么是这个全球性宗教复兴的源头？两个重要的社会—心理因素
被大众承认。一、现代性倾向损害人类在大部分历史中经历过的必然明确性，
这是一个很不舒适的情况，对于很多人来说是一件无法容忍的事，并且宗教运
动声称能给与的明确性有很大的吸引力；二、一个在精英文化中完全现实世俗
化的观点有其主要的社会位置，不需惊讶的是，它被很多不属于精英文化而又
受它的影响的人所愤恨。自然，一个带有强烈反对向世俗俯首的宗教运动因此
能够以愤恨来呼吁人们。然而，仅是逆反的社会—心理解释并不能让人们理解
宗教复兴、神圣复归带来的神秘和喜悦，与之相反，保守派和中立派对宗教的
支持向来都不如激进派那般善变。换言之，社会阶层的宗教心理学解释在处理
冲突方面需要得到一种扩展，即宗教的后现代复兴需要更加根本的东西。有关
这一点，库比特通过人神关系的历史分析做出了解释。按照库比特的说法，"当
上帝到达完全成熟的一神教时期，对于一个拥有宗教天赋的个体来说不难发
现，在追随上帝的同时，人也就成年了，因此，上帝和人之间一定会发生冲突，
而且解决方案也是有限的。上帝必须逐步将一切都移交给人类而自己则退隐
或死去；或者，上帝必须变成真正的人。然而，第二种解决方案也许只是基督
教中第一种解决方案的另外一种较夸张的版本而已，我们并没有提到最近发
现于西方后现代性中的第三种可能的解决方案：上帝和人都必须去中心化且

---

66 参见福山：《历史的终结及最后之人》，黄胜强等译，中国社会科学出版社 2003 年
　　版，序言第 13 页。
67 Hans Küng, *A Global Ethic for Global Politics and Economics*, New York, Oxford:
　　Oxford University Press, 1998, pp. 144-154.

消失在语言永无止境的华丽的运动中。最后一种解决方案是通过将西方和作为中间派的东方佛教联系在一起，它承诺为宗教创造个完全全球化的未来"。[68]换言之，人们需要在世界观上变得更加佛教化。一切关于共同体许诺在历史发展进程中建立一个更加美好的世界的故事的"叙事系统"将不得不离去。既不是超自然主义，也不是长期主义或固定的叙事体系，[69]解决冲突的企图本身在呼吁一种新的宗教精神和神圣叙事的生成。

对此，拉康认为，"宗教不但会战胜精神分析，还会战胜很多其他的东西，我们甚至无法想象宗教是多么的强大。在科学主义与实在论的表象之下，难以描述、难以被纳入其中的实在，[70]将会扩散，而在那里，宗教仍将会有更多的理由来抚平一些心灵。科学会一次次把许许多多震动人心的东西带入每个人的生活当中，然而，宗教，尤其是真正的宗教，同样会具有一些我们甚至无法质疑的源泉。就目前来讲，只是看它像在攒动。这绝对是令人惊奇的"[71]。质言之，这攒动是神秘与体验、感知相交融产生的、有时被称为意义的东西。与之类似，豪尔瓦斯（Stanley Hauerwas）用后现代主义的嬉戏来提醒基督徒，我们正在与世界进行生死搏斗。他认为后现代主义的嬉戏是正当的，因为他发现自己很难把后现代主义作为一种知识立场来认真对待。[72]所以，"基督徒必须能够以后现代主义无法叙述基督教的方式来叙述后现代主义。或者更恰当地说：我们必须展示基督教如何以现代性或后现代性所不能提供的方式，为批判自身的错误提供资源"[73]。于是，后现代的宗教复兴于人而言便是多选择的，没有一种优胜的态度压过另一方。

事实上，正如豪尔瓦斯所宣称的，"如果像波义尔（Boyle）所说的那样，我们要学会在我们所处的世界中看到上帝，而不仅在过去的黄金时代中——

---

68 唐·库比特：《神学的奇异回归：基督教在后现代思想中的变迁》，王志成等译，社会科学文献出版社 2013 年版，第 166 页。

69 参见唐·库比特：《神学的奇异回归：基督教在后现代思想中的变迁》，王志成等译，社会科学文献出版社 2013 年版，第 145 页。

70 在拉康看来，实在是超验的、极为复杂且最好不去谈论的。

71 拉康：《宗教的凯旋》，严和来、姜余译，商务印书馆 2019 年版，第 61 页。

72 参见 Stanley Hauerwas, "The Christian Difference, or Surviving Postmodernism", in *The Blackwell Companion to Postmodern Theology*, Graham Ward (ed.), Malden, MA: Blackwell Publishing Ltd, 2001, p. 145.

73 Stanley Hauerwas, "The Christian Difference, or Surviving Postmodernism", in *The Blackwell Companion to Postmodern Theology*, Graham Ward (ed.), Malden, MA: Blackwell Publishing Ltd, 2001, p. 147.

如地下墓穴或中世纪，那么教会无疑是必要的。甚至，我们必须至少像那些通过生活在地下墓穴而使中世纪成为可能的基督徒一样勇敢和有创造力"[74]。这样一种后现代的态度，要求关注我们的共同点，也要求我们注意我们的分歧。这种紧张关系可以是建设性的，而且是历史性的，它要求我们怀疑一种全球伦理，这种伦理寻求在理论层面上解决只能在共同实践层面上解决的问题。这种方法的另一个好处是，它避免了那种试图认为所有宗教都是真的，或认为所有宗教都是假的企图。在一种后现代主义模式中：它只是寻求与宗教多元性的接触，在多产的差异中欢欣鼓舞，同时看到这些差异中的深邃的复杂性和恐怖，其唯一目的是更真实地崇拜上帝。[75]换言之，"在一个相互联系的世界里，绝对主义必须让位于关系主义，在这种关系主义中，一切都是相互依存和共同进化的。在上帝之后，神圣不在别处，作为一种新兴的创造力，它描绘、损坏、再描绘生命的无限结构。一个没有上帝的宗教没有绝对的伦理标准去促进和保护世界各地的创造性生命的出现"[76]。

第四节　神学的新解释

一、后现代神学的类型

有关神圣的言说，在后现代语境中，成就了一种广泛意义上的神学。这种神学与诸神圣根本相关，它以圣名[77]的经济化、偶像的再部落化、祈祷的图像化和叙事的非历史化等方式寻求与大写他者或陌生者的相遇。与神圣者的陌生意味着绝对距离的保持，这种相遇的未完成，将主体的神圣祈愿凝结、纠缠在

74 Stanley Hauerwas, "The Christian Difference, or Surviving Postmodernism", in *The Blackwell Companion to Postmodern Theology*, Graham Ward (ed.), Malden, MA: Blackwell Publishing Ltd, 2001, p. 155.

75 参见 Gavin D. Costa, "Postmodernity and Religious Plurality: Is a Common Global Ethic Possible or Desirable?", in *The Blackwell Companion to Postmodern Theology*, Graham Ward (ed.), Malden, MA: Blackwell Publishing Ltd, 2001, p. 143.

76 Mark C. Taylor, *After God*, Chicago: University of Chicago Press, 2007, xvii-xviii.

77 有关"圣名"的论述可参见（伪）狄奥尼修斯：《神秘神学》，包利民译，商务印书馆 2012 年版，第 1-94 页。更为深刻的论述是："天主有一个圣名，诸神有诸圣名，这名属于祂们，因此这名毫无疑问是崇高、神圣的。只有一事尚未确定：是否'圣名的缺乏'意味着一种神圣的纯粹、简单的缺席——确定的或临时的，或说这种缺乏属于神圣本身。"（Jean-Luc Nancy, *The Inoperative Community*, Peter Connor, Lisa Garbus (trans.), Minneapolis, MN: University of Minnesota Press, 1991, p. 120.）

神圣言说的事件化之中。所以，在时间上，"后现代神学是有关过去在现在中呈现的研究"[78]；在空间上，后现代神学则是对神圣意义图景在宗教内错位、浮沉的描绘。一位神圣者与另一位神圣者相关、一个神圣的走向同另一个神圣的走向背离，诸信众被浸没在神圣话语的复杂性中。于是，在圣言和人言的交织中，对人言和圣言（或神言）的辨明不仅是一种趋近神圣的企图或表现，在根本上，它是于人之信仰中发生的神圣事件本身。所以，格里芬（David Ray Griffin）将神学定义为"对我们视之为神圣的东西的理性反思，亦即对那些以己之故而视之为终极关怀的东西的理性反思"[79]是恰当的，毕竟理性支撑着信仰的明晰性。与此同时，神学更是对神圣的综合的言说，在沉默和言明、暧昧和了然之间，神圣成了道（道说、逻各斯）本身。[80]而根据卡普托（John D. Caputo）的看法，说神学是上帝之名的逻各斯，[81]意思是说事件的解释学藉此名出现，因为事件就是这个名字的"意味"。所谓"意味"，指的不是语义的内容，而是一个名字所要达到的、它所承诺的、它所召唤的、哀叹的、渴望的、激起的、或者试着回忆的，它是我们正在祈祷的。神学事件就是事件的神学。同样，神学的事件也可以被称为对上帝之名的解构，因为解构是对有条件的名称的解构，它释放在名称庇护下的无条件事件。[82]由此，后现代神学在神圣的护理下发生。

在知识分类上，《后现代神学的种类》（*Varieties of Postmodern Theology*）一书归纳了四种后现代神学的类型，它们的典型代表如下：（1）解构或消解的神学[马克·C. 泰勒（Mark C. Taylor），卡尔·拉什克（Carl Raschke），查尔斯·温奎斯特（Charles Winquist）]；（2）建构或修正的神学[戴维·雷·格里芬]；（3）解放神学[哈维·考克斯（Harvey Cox），科尔内尔·韦斯特（Cornel West）]；（4）保守或回归的神学[若望·保禄二世（John Paul II）]。[83]《后现

---

78 Mieke Bal, "Postmodern Theology as Cultural Analysis", in *The Blackwell Companion to Postmodern Theology*, Graham Ward (ed.), Malden, MA: Blackwell Publishing Ltd, 2001, p. 4.

79 格里芬：《后现代宗教》，孙慕天译，中国城市出版社 2003 年版，序言第 2 页。

80 此处道说、逻各斯都与神圣相关。

81 抑或其他神圣者之名，如梵、老子、释迦之名。需要注意的是，本文在进行有关神圣者的讨论时，并不局限于某一神圣者，目的是在最大程度理解神圣呈现的广阔和纵深。侧重思辨的有关信仰的讨论不限于具体的信仰对象，下文不再赘述。

82 参见 John D. Caputo, *The Weakness of God: A Theology of the Event*, Bloomington: Indiana University Press, 2006, p. 6.

83 David Ray Griffin, William A. Beardslee & Joe Holland, *Varieties of Posmodern Theology*, Albany: State University of New York Press, 1989.

代神学：宗教多元性的挑战》（*Postmodern Theologies: The challenge of Religious Diversity*）一书的安排与此类似，四种类型及其代表为：（1）建构的神学[戴维·雷·格里芬，戴维·特雷西]；（2）非／神学的消解[托马斯·阿尔蒂泽（Thomas Altizer），马克·C.泰勒]；（3）后自由神学[乔治·林贝克（George Lindbeck）]；（4）群体实践的神学[古斯塔沃·古铁雷斯（Gustavo Gutierrez），詹姆斯·麦克伦登（James McClendon）]。[84]在这基础上，《后现代神学》一书以女性神学代替了解放主义神学，同时保存了群体实践的神学作为一个独特的类型，并添加了两种新类型——激进正统神学及后形而上学神学，一共是七种类型。[85]在类型学上，神圣话语的多样形式在后现代语境中得到呈现。

具体言之，按照格里芬的说法，后现代神学首先是一种哲学神学。其具体表现是，后现代神学同样根据哲学和科学论证中所使用的标准即自治性、符合于相关事实以及阐释力，来陈述它视为真理的——或者至少在真理性上不比其他通行见解差的——主张。换言之，后现代神学与传统神学的区别在于，前者依据严格的哲学标准而为其立场辩护，却并不要求具体展示对其真理性主张的支持，即使它与理性关系密切，却拒绝了对神圣真理自大的确定。所以，后现代神学的确渴求被看成是比那些撇开上帝而寻求了解经验意义的任何一种立场都更合适的哲学，[86]在科学与神学的争锋中，它持有一种"迟疑的公正"的立场。[87]

"在认识论上，后现代神学以非感性知觉的论断为基础，这种非感性知觉所指的不仅是其发生——这对现代意识来说是匪夷所思的——而且还指我们同周围环境发生关系的基本模式，而感性知觉就由此生发出来。这一论断向现代思想的主要支柱之一感觉主义提出挑战，按照这一思想，感性知觉乃是我们感知我们之外的实在的基本的和惟一的方式。而非感性知觉或者怀特海所说的摄入（prehension）的第一性，可以看做是后现代神学的根基。领悟第一性这种后现代思想从根本上支持和发展了'激进的经验主义'，詹姆斯（William James）对此作出了主要贡献。前面所说的自然主义有神论的基础就是这种激

---

84 Terrence W. Tilley, *Postmodern Theologies: The Challenge of Religious Diversity*, Maryknoll, NY: Orbis, 1995.

85 其中"保守神学"等同于"后自由神学"。参见范胡泽编：《后现代神学》，高喆译，上海人民出版社 2014 年版，第 20-21 页。

86 参见格里芬：《后现代宗教》，孙慕天译，中国城市出版社 2003 年版，第 14 页。

87 "迟疑的公正"意味着理性偏重观察而非判断，它追求恰当、平衡而非绝对、暴力的真理，谋求一种自然的公正。

进的、非感觉论的经验主义，而且它同对规范和价值的直接（即使是模糊的）知觉密切相关，从而使伦理学和美学回到了意识话语的王国（以此就能决定真假）。这种激进的经验主义也是前面所说的后现代神学其他突出特点的基础，据此而把它同传统的超自然主义和现代虚无主义区分开来。"[88]

换言之，格里芬认为神圣话语的再诠释使得神圣王国在自然与超自然、经验和非经验之间重新取得平衡，这一状况直接促使一种伦理的、交往的、建构的新的神圣空间的生成。"自然主义有神论给我们以效仿宇宙无上威力的宗教渴求，它有助于塑造一种与超自然主义和唯物主义不同的人格类型，而超自然主义和唯物主义二者都把这种无上威力描绘成专横而全能的神。这类现代学说总是倾向于塑造斗士或政治权力的追逐者，而自然主义有神论则提倡劝信培灵的学说，从而倾向于塑造宁谧的灵魂。所选择的是宁谧的（pacific）而不是和平主义的（pacifistic）灵魂，这是经过深思熟虑的。和平主义这一术语一般是指根据伦理原则而对暴力不予抵抗。虽然在后现代神学中没有什么东西与这一意义上的和平主义相对立，而且多半还会支持它，但这里所涉及的却不是某种伦理原则，而是一种灵魂类型。宁谧的灵魂想要的是与其余的造物和平共处，因而自然要寻求构建促进和睦关系的社会秩序，也自然要寻求和平解决那些仍然存在的不可避免的冲突。"[89]平衡成为过程的内涵，[90]神圣居于其中，后现代神学由此是建构的。

---

88 格里芬：《后现代宗教》，孙慕天译，中国城市出版社 2003 年版，第 6 页。当然，也有人反对这种激进的经验主义。比如列维纳斯宣称："被唤醒的朝向上帝之思自认为超越了世界，或自认为在倾听一种比内在更内在的声音；解释学既旨在阐释上述这一生命或这一宗教心理，就不应该将此思吸纳同化到一种这思认为已经被自己克服掉了的经验中。这思追求一种超出，追求一比自身更深刻者——追求一种超越，这超越异于由意向性意识所开辟、所贯穿的走出自身。"（列维纳斯：《论来到观念的上帝》，王恒、王士盛译，商务印书馆 2019 年版，第 164 页。）

89 格里芬：《后现代宗教》，孙慕天译，中国城市出版社 2003 年版，第 12 页。过程哲学（和过程神学）对新兴宗教或神学的建构有重大影响，它为理解一般宗教——尤其在跨宗教的视域下——提供了自然神学性质的解读。不仅那些带有科学倾向的宗教和教派将之奉为圭臬，一些诉诸传统概念如炁、道等的神学也把它作为自身的理论支持。例如韩国的民众神学（minjung theology）就从事件的角度将自身视作弥赛亚式的，它宣称自己是万有在神论（panentheism）的中介和使者。参见 Hiheon Kim, *Minjung and Process: Minjung Theology in a Dialogue With Process Thought*, Bern: Peter Lang AG, Internationaler Verlag der Wissenschaften, 2009.

90 格里芬的过程神学是怀特海和哈特肖恩（Charles Hartshorne）的过程哲学的神学延续。

二、后现代神学的批判性质

然而，正如人们所知，后现代理论从来不以建构闻名；与之相反，后现代带来的否定、破坏、争论[91]、碎片化、暧昧不清甚至胡言乱语，才是其特有的符号标记。所以，后现代神学的建构方面必然只能作为后现代多样言说的开启或肇始，即便作为修复的手段，一种反转也已暗含在建构的过程之中。按照亨辛格（George Hunsinger）的说法，对神学的"后自由主义"而言，"真理与方法的问题极大地依赖于意义问题，而意义的问题则由圣经文本内的主题所决定。后自由主义希望在一个新的不同的层次上实现一种覆盖、取消以及重构自由主义与福音主义的范式转换（paradigm shift），相反，自由主义更接近于一种在已建立的自由主义范式内部的修正主义扩展它并未完全脱离，而是延续了现代性自身之自由主义／福音主义的分裂特征"[92]。自由主义在话语诠释的开放中获得了"后"这一前缀，神圣的解构由此转化为结构的生成事件。解构而非建构，划定神圣的边界。质言之，在对"上帝之死"、无神论、神圣的冒犯、批判之批判的激进思考中，新的神圣话语不断生成。

于泰勒而言，上帝之死可以通过激进的基督论来理解。泰勒发展了一种解构的非神学（a／theology），这为重新解释神圣的概念铺平了道路：从神学的角度来看，耶稣呈现为话语，话语被解读为书写；书写作为在场／缺席、同一／差异的相互作用，推翻了古典神学的两极对立。所以，尽管《圣经》既存在也不存在，但它是所有存在和不存在的非原始"起源"，每件事都已经被铭刻在这个词的生成性／破坏性游戏中。[93]沃德（Graham Ward）在此基础上宣称，语言永远无法完成虚己的过程，他认为荒漠化是一种在上帝之中的戏剧，而非一种跨越边界、进入全然他者的运动。因此，否定神学只能令自身呈现为被造物参与这一神圣戏剧的最生动的形式之一。差异中的他者是半超越的，而这正是它被包含于写作事件之中、之上，以及作为这一事件，并且在确定及稳定的指涉之服从中发现了这一作为其来临及其兴起之最具决定性条件的虚己之原

91　相比较，传统神学所侧重的是商议和劝勉，如安波罗修（Ambrose）所说："其实，我更愿意承担劝勉的职责持守信仰，而不是去争论，因前者意味着虔诚的认信，而后者必有贸然的假设。"（安波罗修：《论基督教信仰》，杨凌峰译，生活·读书·新知三联书店 2010 年版，第 188 页。）

92　范胡泽编：《后现代神学》，高喆译，上海人民出版社 2014 年版，第 46 页。

93　参见 Mark C. Taylor, *Erring: A Postmodern A/theology*, Chicago: University of Chicago Press, 1987, p. 15.

因所在。[94]言说和写作，在成为神圣事件的活动场所的同时，在能指和所指的断裂中发现了意义链的中介。根据维特根斯坦的学说，上帝之死显然与符号——认知图式的消亡有关，一旦关于"最后的审判"的言说发生了根本上的理解的转变——比如仅被视作一种盼望的神话，那么这种意义体系——信仰的图式——就如同死亡般消失。此处，某种宗教信念作为一种语言游戏，其在全部信仰的部分终止意味着从固有家族信仰中脱离，在它后有的家庭中，此宗教信念拥有绝对稳固的地位。所以，信仰并不排斥家族式的概念分化，但对信仰的理解——尤其是宗教哲学的——坚决反对一种信仰的行话（jargon），它阻碍了信仰在理智层面的流通。消解对行话的猜测和臆断，是宗教哲学的主题之一。[95]

所以，激进神学家以冒犯的方式寻求最深处的呼召，致力于人类最深处的终极挑战，其目的是由此发现一种神秘而隐微的东西，即使这方法和领域目前无法被承认。"空的激进的人文主义"，或称"语言自然主义"（维特根斯坦）、"符号物质主义"（德里达），[96]都旨在发现神圣的深刻自然化或社会化，它们相信在神圣已然澄明之处，在深渊覆盖之处，都有一种相反的东西在冒犯中被唤起。[97]在阿尔蒂泽看来，"后现代的信仰现在必须放弃一切这样的宣称——（信仰）孤立、自治，拥有超越这世界的实在性的意义或实体，反而应该全然成为内嵌于这个世界、不可分割的事物"[98]。上帝之死神学反对一种新正统主义的上帝观和信仰观，上帝的退场留下的不是奥秘而是事实，神圣之道就在此世之中。如施瓦茨（Regina M. Schwartz）所言，也许"必然抛弃叙事之上帝的无神的思考"[99]更接近神圣的上帝。毕竟与形而上学之上帝一样，叙事试图提供一个具有决定性意义的上帝；且如形而上学之上帝一般，叙事试图提供一个

94 参见范胡泽编：《后现代神学》，高喆译，上海人民出版社 2014 年版，第 91 页。

95 参见 D. Z. Phillips, *Wittgenstein and Religion*, Basingstoke & Lodon: Palgrave Macmillan, 1993, pp. 123-130.

96 参见唐·库比特：《神学的奇异回归：基督教在后现代思想中的变迁》，王志成等译，社会科学文献出版社 2013 年版，第 191、218 页。

97 参见 Thomas J. J. Altizer, *The Call to Radical Theology*, Albany: State University of New York Press, 2012; Thomas J. J. Altizer, *Deconstruction and Theology*, New York: The Crossroad Publishing Company, 1982.

98 Thomas J. J. Altizer, *The Gospel of Christian,* Philadelphia: Westminster, 1966, pp. 16-17.

99 Regina M. Schwartz, "Communion and Conversation", in *The Blackwell Companion to Postmodern Theology*, Graham Ward (ed.), Malden, MA: Blackwell Publishing Ltd, 2001, p. 49.

因果之上帝。在某种程度上，韦斯特法尔（Merold Westphal）将解构定义为"否认我们是神圣的"[100]，这让我们看到了他对信徒、信仰的灵魂（believing soul）或后现代而非基督教自身的反思。否定神学，在最广泛的意义上，使得"上帝之死"可被重新言说[101]，这一历史性的话语将否定、死亡看成了自身如复活般的全面更新——一种超越的品性在神圣话语中再现。

韦斯特法尔提出了有关基督教话语在后现代挪用或再情境化的三重批判，神圣的超越在其中话语性复生：（1）对现代性的批判，圣经宗教和利奥塔一样有理由怀疑现代性假装是纯粹的理性，以掩盖其有限性和谬误性；（2）对世俗的后现代主义的批判，因为它声称垄断了对现代性的批判，而现代性的批判同时又是一种自我合法化的绝望的尝试；（3）对基督教（和任何其他宗教）的批判，以纯粹的理性取代神的启示，最终使"我们"的信仰和实践免受来自内部（作为异端的批判）和外部的（作为不信者的批判）批判。[102]这些批判呼唤一种摆脱本体神学限制的超克元神学（overcoming onto-theology）。

在此基础上，马里翁（Jean-Luc Marion）试图塑造一种新的、本体论性质的神学。于其而言，真正的神学，以圣像化的方式关注上帝作为爱的超出的自我启示，它需要抛弃所有定义了现代性的主体的形而上学。这意味着，真正的神学同样需要抛弃那限制在"存在"中理解上帝的本体神学视域——甚至托马斯·阿奎那也是如此，它要求新的、有深度的概念（礼物、超出、面容、圣像），并藉此以概念上的严谨来理解上帝呈现为爱的自我启明。[103]基于此，卡尔森（Thomas A. Carlson）认为马里翁发展出了一种后形而上学神学，其核心观念是"神圣之名神学"及"神秘主义神学"，上帝在其中慷慨地被理性证明并理解且在沉思、祈祷之爱以及圣礼生活中被接受。[104]与之不同，卡普托将一种真正的软弱和希望结合起来，塑造了一种后现代的神学类型：解构和上帝之国都

100 Merold Westphal, *Overcoming Onto-theology: Toward a Postmodern Christian Faith*, New York: Fordham University Press, 2001, p. 189.

101 "上帝之死在我们的时代最终导致的是价值论臣属于——被理解作冲动的——欲望，这些冲动则复被理解为是按照某些程式被编排在人这种欲望着的机器之中的。"（列维纳斯：《论来到观念的上帝》，王恒、王士盛译，商务印书馆 2019 年版，第 18 页。）

102 参见 Merold Westphal, *Overcoming Onto-theology: Toward a Postmodern Christian Faith*, New York: Fordham University Press, 2001, xvi.

103 参见 Jean-Luc Marion, *God Without Being*, Thomas A. Carlson (trans.), Chicago & London: University of Chicago Press, 2012, xiii-xiv.

104 参见范胡泽编：《后现代神学》，高喆译，上海人民出版社 2014 年版，第 61-62 页。

"以对悖论和失语症的共同热爱，以及对此路的共同欣赏为标志。这路不是铺设、标记好的高速公路，而是一条受阻的、禁止踏足的、超越运动的、过度的和终极的爱的疯狂的道路"[105]。在苦难的承受和盼望的予求中，在解构和失序的混乱真实之地，后现代开启了辩论性的、回忆性的、无答案的神圣对话。

　　朗（Duane Stephen Long）将后现代的论争性视作神学的基本特征，他认为如果没有某些关于现代与后现代哲学之间及其内部论争的预备知识，激进正统便无法被理解。激进正统（Radical Orthodoxy）是一种通过回忆正统的基督教主张，并表明它们如何与这些论争相关联，从而进入这种论争的神学。它产生自米尔班克（John Milbank）对现代神学接受其（隐含及明确的）与世界无关的命运的不满，因为它允许神学为哲学的超验主义所安置。米尔班克在威廉姆斯（Rowan Douglas Williams）的指导下研究巴尔塔萨（Hans Urs Von Balthasar）以及德里达的思想时，第一次发现了这种迹象。通过彻底思考巴尔塔萨及德里达对现代世俗主义的批判，米尔班克发展出了一种巴尔塔萨和德里达均未曾单独发展过的神学观点：神学不仅仅赋予其自身能够不通过神学而被认知的"事实"以意义（meaning）。因为，一旦超验主义不再拥有一种教义的优先性，那么神学语言便必须被视为像任何形式的现代哲学（包括社会学在内）一样是本质性的。[106]在现代超验主义的面前放弃了神学的谦逊立场后，激进正统追溯了基督论在空间以及时间中的满溢，这样形而上学才能被真正克服，而现代和后现代的空间及时间则被揭示为其所是——被精心设计的自发性。于是，神学家与哲学家得以自由地发展一种基督教的实践哲学及本体论，它们较之激进正统所同情的其他形式的正统神学——如巴特（Karl Barth）及巴尔塔萨的神学——更具有关联起其他学科话语（如政治学、经济学，伦理学）的能力。虽然激进正统对通过神学论述其他学科话语更感兴趣，但它对现代精神的拒绝，甚至大过它对那些完全回避调和的神学的拒绝。激进正统不可能仅仅通过认可基本的基督教信念来发展神学教义。它总是在发展神学义的同时讨论政治学、经济学以及伦理学。它之所以是激进的（radical），不仅在于追溯根源（radix），亦在于追溯神学与政治学之间内在及必然的关联，且这种

---

105 John D. Caputo, *What Would Jesus Deconstruct? The Good News of Postmodernism for the Church*, Grand Rapids, Mich.: Baker Academic, 2007, p. 46.

106 乌尔班（Wilbur Marshall Urban）认为，"一切宗教的历史性的、因而也是相对的特性，也就隐含在其语言的性质中了"。（麦奎利：《二十世纪宗教思想》，高师宁、何光沪译，上海人民出版社 1989 年版，第 160 页。）

追溯质疑了现代的政治、文化、艺术、科学以及哲学。[107]

可以发现，在不同的后现代理论中，后现代之家既可以是冷漠的又可以是好客的，既可以是恐怖的又可以是温馨的。他者，在后现代的视域下，拥有极端而相悖的人格。一些思想家将后现代的他者描述为现代建筑的拆卸工甚至现代身体的肢解者，一种恐怖的权力在现代性的崩溃和抵抗中建立起来。然而卡尼（Richard Kearney）谴责那种把他性和崇高提升到极端的程度的后现代哲学，他认为这种哲学使得任何沟通或协商都不再可能。"我将争辩说，在我们和'他者'（人、神或任何其他他者）之间建立解释学桥梁的尝试，不应该被斥责为本体论、本体神学或逻各斯中心主义——也就是说，作为某种毗邻暴力的总体性还原的形式。"[108]后现代应该是有个性而好客的，它不致力于建立威胁、恐吓的强权统治。所以，好客（hospitality）意味着对他人的陌生和差异持开放态度，而不是将其简化为更符合自己信仰的温驯和可控的观点。换言之，人们必须根于自己的传统言说，坦诚地对待差异。在《非无神论：在上帝之后重归上帝》中，卡尼将他的观点描述为"非无神论"，即既不是"有神论"也不是"无神论"。非无神论不是有关宗教的新说法，而是重新打开我们在信仰和非信仰之间自由选择的空间。因此，非无神论是关于信仰恢复的选择，它在有神论和无神论分离之前和之后都起作用，使两者都可能。简言之，非无神论是一种邀请，它让我们重温一个宗教的基本场景："与一个完全陌生者（radical Stranger）相遇，我们选择或不选择称祂为上帝。"[109]这样，不同的后现代神学真正成为未完成的神圣事件，否定、争论、超越与调和，共同塑造着后现代的宗教精神。由此，"一种成为了活的神学的神学有力地激发着人类的信仰走向信仰的更深处"[110]。

三、后现代神学的回归

在宗教的复兴之外，后现代状况同样呼吁一种神学的回归，这种回归被预

---

107 参见范胡泽编：《后现代神学》，高喆译，上海人民出版社 2014 年版，第 130-131 页。

108 Richard Kearney, *Strangers, Gods and Monsters: Interpreting Otherness*, London & New York: Routledge, 2003, p. 9.

109 Richard Kearney, *Anatheism: Returning to God After God*, New York: Columbia University Press, 2010, p. 7.

110 Tamal Krishna Goswami, *A Living Theology of Krishna Bhakti: Essential Teachings of A. C. Bhaktivedanta Swami Prabhupada*, New York: Oxford University Press, 2012, p. 205.

设在人文主义的激进形式中，它将神圣消融而非排斥在外。因此可以说，"现代批判神学本身（像现代教会史）一直在心照不宣地预设着激进的人文主义生活观，一直静静地为新类型的、我们在此描述的宗教思想准备基础"[111]。具言之，如库比特所言，我们将要描述和讨论一种奇怪的方式，通过这样的方式，标准宗教教义中的主要主题不仅仅坚持而且经历了转化，并在后现代性中回到我们自身。他把这种转化称作神学的奇异回归，这种奇异回归提醒着读者：旧福音叙事中描绘复活了的基督之显现，耶稣以一种奇异的、变形的方式回归，使得他的追随者们难以认出他。而问题的关键正是这一回归观念能在多大程度上被接受。[112]于卡普托而言，这种变形的意义诠释显然有其合理之处，他认为倾听德里达主义者的否定神学[113]，相当于被引导至信仰之门，否定神学则倾向停留于门前。"信仰是一种坚定的决心，咬紧牙关，把手放在犁上，在语法过程中继续前进，向前重复，现在说'是的'意味着今天晚些时候必须重复，然后明天早上再重复，一次又一次，是的，是的。"[114]同样，黑格尔对阿尔蒂泽来说至关重要，前者使他能够理解历史神学——一种宿命论，其中上帝之死是实现末世论的重要时刻。神性的完全丧失让位于一种放弃，一种"是的说法"，它位于黑暗的中心宣布"完全且立即的存在"。[115]神学的回归成为一种反转、内爆、否定辩证的必然。

在具体的方面，神学的回归总体呈现为对神圣的碎片化把握而非向神圣的靠拢，其中，一种寻宝的冒险和游戏代替了神庙的建造。所以，"永恒性在纯粹的短暂性中回归"这一主题不再是启示与接受、有限和无限的抽象关系，

---

111 唐·库比特：《神学的奇异回归：基督教在后现代思想中的变迁》，王志成等译，社会科学文献出版社 2013 年版，第 12 页。

112 参见唐·库比特：《神学的奇异回归：基督教在后现代思想中的变迁》，王志成等译，社会科学文献出版社 2013 年版，第 8 页。

113 这种诉诸理性的否定神学自古就存在。"在我看来，我们对否定的称颂应当与对肯定的称颂方式不同。当我们肯定时，我们从最先的事物开始，通过居中事物向下移动，直到我们到达最后的事物。但是当我们从最末了的事物攀向最先的事物时，我们否定万物以便毫无隐藏地认识那不知者——他自己对存在者之中一切拥有知识的人都是隐秘不见的，以便在存在之上观照那黑暗——他隐藏于存在者之中的所有光线之外。"（（伪）狄奥尼修斯：《神秘神学》，包利民译，商务印书馆 2012 年版，第 98 页。）这一过程正是解释持续发生的攀登加尔默罗之路。

114 John D. Caputo, *The Prayers and Tears of Jacques Derrida: Religion Without Religion*, Bloomington: Indiana University Press, 1997, p. 12.

115 参见 Thomas J. J. Altizer, *Total Presence: The Language of Jesus and the Language of Today*, Aurora, Colorado : The Davies Group, Publishers, 2016.

它更多地关乎意识的现象、艺术的澄明（lichtung）。[116]"在莫奈（Monet）最优秀的作品中，他描绘了水、树叶、影子以及舞动的阳光，向我们展现了在纯粹的短暂性中何以会有永恒的回归。在某种程度上，这里所展现的是古老的洞见。在很多神秘主义作家那里，包括基督教的和东亚佛教的，都能找到耳熟能详的例子。但莫奈无疑最为成功地民主化或世俗化了日常视觉经验中的永恒幸福之体验，这可不容小觑。"[117]事实上，后现代文化虽然加速了神圣者的衰落，可它的一系列崭新形式却也见证了神圣者的回归。后现代文化的新形式看似包括这四种：艺术（尤其是音乐）、壮美的风景、个人魅力以及"圣像"，[118]但自然的艺术从没有单纯地满足于对自我的描绘。在新的艺术语言形式（先锋艺术中的装置、地景、行为等）和媒介中，显然有单纯感觉（尤其是视觉）之外的事物在场。

在对语言的深度考察中，神圣的回归更加明显。事实上，我们现在认为上帝之死的直接原由就来自于语言的本质。实际上语言也必须具有流动性、矛盾性、相对性和不固定性。它播撒，并且延移。在其播撒过程中，它简洁地做完自己的工作。这意味着，后现代的语言保有一种创造性的可能，其中，我们每个人都需要试着讲述关于我们自己生活的故事，我们需要共同讲述、争论和复述我们如何成为现在的自己，以及要成为现在的自己为什么必得遵从这样的迂回路径。当这种讨论汇集在一起时，所谓历史的叙事便有了转向，因为我们正在尝试制造我们自己的新型宏大叙事。人们开始逐渐意识到自己所看到的并且作为自身的一部分而存在的这个明而有序的世界是自己建构的，它不再被视为由上帝的命令性语言一劳永逸创造出来的产物，反而可以在人类自己的会话中不断被创造、重新商谈和再创造。于是，一个大得惊人的关于生活偶然性的习语集被发现，这些习语是如此之多，以至于如今看起来人已完全丧失了旧的宿命论信仰。有关天堂和地狱的所有探讨都回归到现世生活中，这种传统的刻画日常状况和事态的现代习惯显然被一定程度上放弃了。毕竟，这样的生活是无外在性的，并且也没有其他状况的存在，生活本身也就是诸如此类的所有探讨的最初来源。然而，我们并没有失去任何东

---

[116] 澄明也是中国古代的艺术境界之一。

[117] 唐·库比特：《神学的奇异回归：基督教在后现代思想中的变迁》，王志成等译，社会科学文献出版社 2013 年版，第 23-24 页。

[118] 参见唐·库比特：《神学的奇异回归：基督教在后现代思想中的变迁》，王志成等译，社会科学文献出版社 2013 年版，第 112 页。

西，因为语言从来就不可能以任何方式真正地超越于自身之外，也从未表现出它可以成功完成此事的迹象。我们世界的限制与我们语言的限制是完全相辅相成的。[119]

自然而然，有关《圣经》的诠释也有了巨大的改变，它越来越习惯被认为是由两个相互交织的故事组成。"在他谓的故事中，上帝唯一、全能，随后的数千年中他循序渐进地将他所是的一切移交给人类。在自谓的故事中，它是一个关于人类上升的故事，关于我们怎样从一无所有开始，但是通过我们宗教的修持渐渐接近我们自己，直到最后我们成为拥有自我意识的存在——我们是道德自主的自由人，我们的强大足以面对混乱这一怪兽，并为我们自己构建我们自己的世界。"[120]换言之，整部《圣经》从头到尾并非在讲述上帝如何使我们永恒与祂订约，而是在讲述上帝如何逐渐完成祂创造智人——即完全现代的人——的工作从而使自己可以从人类历史中淡出的故事。不难看出，人的生命形态在其中发生了转变，"生命"的新含义主要指人类历史的和文化的生命。需要注意的是，更为古老的、主要是生物学意义上的生命观念仍有部分继续留存，并且仍对人们很重要。只要人一想到生活是无法停止的、无穷无尽的、自动的、自我肯定的、自我流露的、自我更新的，在许多情况下就其构成而言还是难理解的和神秘的。在个体层面，凭借并为了真正的批判精神而活着的人，是那些献身于最高理智标准的人，以及那些走得更高更远的人，因为他们总在不断地质问、批评和修正那些标准本身。他或她极为严谨，即人们所谓的"自身最严厉的批评者"或"最严格的监工"。他发现最难满足的人是他自己。这样的人实在非常罕见，他们对所信仰的宗教极为苛求。但他们确实存在：他们中的许多人是哲学家，但并非所有人都是，还有一些是科学家或律师。他们都是圣人，他们身上的批判精神就是上帝作为审判者的回归。[121]

由此，现在我们看到了一个全然不同的基督教存在的可能性。其中没有任何关于独立的、本质的存在之形而上学。宗教转而赞美无常、撒播和消逝，视其为普遍的宇宙发展过程，赞美道德化，把它视为自我消解和出神的爱。在宇

---

119 参见唐·库比特：《神学的奇异回归：基督教在后现代思想中的变迁》，王志成等译，社会科学文献出版社 2013 年版，第 31、41-42、125、129 页。

120 唐·库比特：《神学的奇异回归：基督教在后现代思想中的变迁》，王志成等译，社会科学文献出版社 2013 年版，第 135 页。

121 参见唐·库比特：《神学的奇异回归：基督教在后现代思想中的变迁》，王志成等译，社会科学文献出版社 2013 年版，第 51、73、91 页。

宙层面，象征这些的是上帝；在属人的层面，则是基督。基督并不是形而上学的存在，而是一个自我奉献的过程；因为在基督教中，神圣者首先转移到了人类的人际关系领域中，表现为兄弟之爱；而圣餐也又一次表现了对人生无常和自我奉献的肯定，这些在基督徒看来是良好社会的基础。[122]因此，我们不再需要对形而上学的实在论、对个人的保障、对权威、对绝对者、对正统和对精神力量的传统关注。我们只保留了无尽的微播、发散以及对生活和邻居的纯粹圣洁之爱。[123]我们反复赞颂的只有这些，这就是我们所需要的全部。当然，这也是我们拥有的全部。[124]

所以，在这种语境下（即世俗的人文主义世界观中），神学奇异的回归到底是什么样的呢？一开始，我们就看到旧神学的回归，然后外向的神秘主义逐渐蔓延，这个过程已经持续好几个世纪了。这是一种此世的和视觉的神秘主义。除此之外，便是语言旧有的神圣力量的现代复兴。后现代的宗教哲学应描述人的处境最后看起来怎样，人在何处抵达最后的哲学及最后的宗教形式。换言之，民主的、日常语言的哲学和"天国"宗教如何在"没有正确术语"的"哲学自身的宗教"中存在。[125]即耶稣通过上帝的国表达的意思就是我们认为的上

---

122 按库比特的说法，据观察，如今基督教传统中幸存下来的最好的方面大部分都留给了教会。这使他相信，如果想要努力重建基督教传统，那么我们就应该有意识地采用后基督教的"天国神学"这种形式。为了使基督教恢复以往的生机，我们需要在整个"天命"或历史时代中推动它。（参见唐·库比特：《神学的奇异回归：基督教在后现代思想中的变迁》，王志成等译，社会科学文献出版社 2013 年版，第 203 页。）

123 库比特将涌出和消逝的模式称之为"源泉"。接受它，并按照这样的模式来塑造宗教、伦理和生活方式，这就是"太阳式的"生活。太阳式的生活是一种表现主义，它是一种纯粹的爱，它也沉浸在生活之中。（参见唐·库比特：《神学的奇异回归：基督教在后现代思想中的变迁》，王志成等译，社会科学文献出版社 2013 年版，第 136 页。）

124 唐·库比特：《神学的奇异回归：基督教在后现代思想中的变迁》，王志成等译，社会科学文献出版社 2013 年版，第 82-83 页。更为详尽的说法是，"光明——我们周遭的视觉世界的光明充满着我们的思想（我们的视觉领域同时也是我们的意识领域，这令人叹服的光明是由我们发展着的语言、越来越丰富的描写所创造的。它本是荣光：它曾被称作神圣荣光在造物世界中的显现，这是它的世俗回归。对我来说，上帝的荣光已然在视觉领域的荣光中回归，在语言的光明中回归"。（参见唐·库比特：《神学的奇异回归：基督教在后现代思想中的变迁》，王志成等译，社会科学文献出版社 2013 年版，第 63 页。）

125 参见唐·库比特：《后现代宗教哲学》，朱彩虹等译，浙江大学出版社 2008 年版，序言第 4-5 页。

帝之死所带来的含义：上帝去中心化，分散到个体之中，就像在左翼贵格会中那样，并且人类的自我同样是太阳式的、慷慨的、自我流露的、死而后生的、流逝的。这意味着，宗教的历史也总是人类自我的历史，宗教的任务是发展自我——自我检验、自我主宰、自我净化、祈祷、冥想、生活准则，这一切都会被追求直到"灵性"（或者内在性，或主观性）成为在自我中建立起来的一个带有众多房间的内部修道院，这就是所谓的"内在城堡"。典型的宗教行动是将自我重新纳入自己的主观性中，转向自己内部。[126]神学回归了，并非作为一种现代科学，而是作为一种将人置于上帝的创造与救赎行动的叙事中的神圣戏剧。人们要做的，是将现代与后现代一起，置于将上帝在世界之中通过耶稣基督及圣灵所成就之事与世界对此的回应关联在一起的故事中。在此，后现代恰当地表现为一种神学状况。[127]

是故，基拉尔宣称，诸多后现代的诠释也没有走出替罪牺牲理论的暴力轮回，即使人们自认为已处在"走出神圣"的社会，但这种境况是不折不扣的假象，它仍是牺牲仪式的独特部分。"抹除神圣性，将它完全抹除的倾向，却为神圣性的暗中回归做了准备，它不是以超验的形式回归，而是以本质的形式，以暴力与知识暴力的形式回归。"[128]所有的思想都围绕着创始性的暴力形成一种循环，这种循环是针对神圣的谋杀；但这谋杀对象被错置了，被牺牲者应该是那些暂用的、消耗性的、已成熟可食的有关神圣的观念或仪式，神圣自身被排除在外。毕竟，神圣既不是暴力本身，也不是暴力与牺牲的综合，它无法被用于驯养暴力。唯独在表演的意义上，神圣与暴力构成道德戏剧，但这种表演很快就会被厌倦。因而暴力越切身，悲剧越感人，神圣越会在进一步的真实呈现中以别样的形态复归。虚拟、超链接和大众媒体制造了知识统治的暴力，而神圣最终选择回归现实。

总而言之，在后现代处境中，库比特发现：首先我们现在或许准备好了返回到（一种新型的）宏大叙事的神学（或宗教哲学[129]）之中；其次，也许我们

---

126 参见唐·库比特：《神学的奇异回归：基督教在后现代思想中的变迁》，王志成等译，社会科学文献出版社 2013 年版，第 154-155、172、175 页。

127 参见范胡泽编：《后现代神学》，高喆译，上海人民出版社 2014 年版，第 22 页。

128 基拉尔：《牺牲与成神：初民社会的秩序》，生活·读书·新知三联书店 2022 年版，第 500 页。

129 宗教哲学曾在二十世纪初于俄国复兴，不过这种复兴更多带有人文主义的色彩。参见金雅娜编著：《东正教密码》，商务印书馆 2021 年版，第 355-360 页。

最后能够将宇宙和气质、我们的世界图景和伦理重新连接起来；最后，我们已经看到很多传统的神圣的属性和作用以一种新的更加精明的伪装形式回归。所以，我们无需抱怨晚期现代的激进人文主义世界观是多么的贫乏无力，它依旧能够通过出人意料的生动的宗教感受被点亮，永恒的生活或美丽在此刻也能回归于我们之中。[130]

四、理智对神圣的再言说

如前所述，"神圣"在现代性的话语体系中是逐渐被遗忘的，这直接导致现代信仰在科学面前衰落。宗教的世俗化使得信众的信仰活动呈现任意化、经济化的特征，有关"神圣"信仰的老旧时尚逐渐被更加世俗、科学的谈论替代。在这个意义上，上帝之死不仅意味着被信仰的神圣者的寂灭，信仰行动的内涵和方式同样发生了巨大的转变。[131]因此，谈论神圣一时间成为一种耻辱似乎并不难理解，毕竟在逻辑实证主义者看来，有理性的人是不屑于关注没有意义的词汇的，而神圣恰是其中最为重要的一个。现代哲学的任务在于厘清概念，神圣显然应当从其中被剔除，信仰作为神圣的附庸，理应被视为一种无意义的行动。神圣由此被虚无化，它一度成为不可言说本身，而信仰则被隔离或隐晦地喻指在心理和社会行动模式之中。

然而，神圣一词并没有就此陨灭。解释学的兴起，在加剧神圣虚无化的同时，使有关宗教的哲学研究藉着虚无的概念走入了多元解释的时代，各种样式的宗教哲学应运而生。[132]根据德斯蒙德（William Desmond）的说法，后现代标示了一种对乐观的反叛和对神圣距离的重新发现，这构成一种中道的形而上学（metaxological metaphysics）。中道的形而上学是对中（metaxu, μεταξύ）——之间、中间、中介——的一种解释，是对有限性中出现的事件的一种"解释性忠诚"，它对有限性内部的超越记号开放。[133]其中，神圣性在启示与被启

---

130 参见唐·库比特：《神学的奇异回归：基督教在后现代思想中的变迁》，王志成等译，社会科学文献出版社 2013 年版，第 208-211 页。

131 有关上帝不存在状况下的信仰，参见 Klaas Hendrikse, *Geloven in een God die Niet Bestaat: Manifest van een Atheïstische Dominee*, Amsterdam: Nieuw Amsterdam Uitgevers, 2007.

132 以技术为核心的新宗教（包括虚拟宗教）和新的宗教研究（比如数字宗教学）都值得关注。

133 参见 Christopher Ben Simpson, *Religion, Metaphysics, and the Postmodern : William Desmond and John D. Caputo*, Bloomington: Indiana University Press, 2009, p. 131.德

示、解释与被解释这样一种夸张的（hyperbolic）结构中模糊地、多义地呈现。[134]在现代主义的废墟中，各种宗教建立起自己的神圣遗迹。

换言之，宗教的回归不仅是一种实然的社会状况，而且在哲学的语境中，宗教回归的呼召成为一种必然。究其根源，一方面，世俗化在根本上并非一种纯然解构的力量或逃离神圣的路途，它只是在用另一种方式诠释着神圣的含义。按照瓦蒂莫的说法，世俗化并不会致使上帝的超越性更加完全地显明，这一显明可以使信仰更加纯净——信仰与时间关系过密，人渴望完美且存在理性启蒙的幻觉[135]。相反，世俗化是由耶稣基督道成肉身开始的神性放弃（kenosis）的道，甚至在上帝与祂的子民立约之前，这道就已通过教导人类克服与神圣生活和社会生活本身相关的原初的暴力，逐步鲜明地实现了。[136] "古典文化的无形世界与一种多神论的和解（这种和解与众多的部落和种族的界域性有关）相结合，伴随着信仰三位一体学说的、以十字架符号的迭奏为标志的基督教革命，经历了一次激进的重组，而这种十字架符号的迭奏不仅将全部的社会的存在之域，而且将全部身体的、精神的和家庭的装配，重新以独特的基督道成肉身和受难的存在之域为中心。对主体屈从的这一令人闻所未闻的强硬措施显然超出了独一无二的神学范围！这种关于罪孽、忏悔、身体和性征的标记、救赎性中介的新型主体性，也是新的社会配置、新的臣服机器（machines d'asservissement）的一个关键性零件，而这些社会配置、臣服机器不得不跨越罗马帝国晚期的残垣断壁与即将到来的封建秩序和城市秩序的再域化来找寻自身发展的道路。" [137]

另一方面，宗教需要贯穿我们的社会及如今宗教在哲学中的回归，其共同根基系于表现为技术科学时代的现代性，或用海德格尔的话说，世界图景的时代。[138]泰勒通过分析技术神圣性在历史中的想象、破灭和实现——如炼金术和

斯蒙德认为，"我们不能命名上帝（或任何与此相关的东西），而只能从中间介入、了解"。（参见 William Desmond, *Desire, Dialectic and Otherness,* New Haven, Conn.: Yale University Press, 1987, p. 181.）

134 Hyperbolic 亦有双曲线之义，这种多义的用法形象地用几何模型表征了夸张的力度。
135 "恰恰是最为纯正的启蒙才意识到，信仰是不可回避的。"（卡尔·雅斯贝尔斯：《哲学入门：12 篇电台讲演集》，鲁路译，华东师范大学出版社 2020 年版，第 77 页。）
136 参见 Gianni Vattimo, *Belief*, Stanford: Stanford University Press, 1999, p. 48.
137 菲力克斯·加塔利：《混沌互渗》，董树宝译，南京大学出版社 2020 年版，第 69 页。
138 参见 Jacques Derrida, Gianni Vattimo, David Webb, *Religion*, Stanford: Stanford University Press, 2002, p. 82.

信息技术，说明了人类对终末或结局认知的两难：正是认识结局的不可能使终末的想象具有力量。无限的延期创造了距离，距离创造了信仰维度的时空，而远非将信仰摧毁。在最终的分析中，每一种信仰都是末端的信仰。[139]后现代是末端性的，它处在现代的转折处，然而在扭转的层面，它是每一个新的起点的基质。后现代的信仰成为终末认知的精神形态。

而在历史层面，远古时期血缘与神圣的亲密与现代血缘与神圣的逐渐疏离，在呈现出神圣由生命关联到社会关联的世俗化的同时，也表达着神圣自我呈现的多样化和扩大化——神圣与血缘的关系并未消失，且神圣的接受又呈现出跨种族、跨地域、跨文化的特性。所以，新宗教的产生和旧宗教的复兴都与世俗化相关，世俗化如瀑布中的磐石，它阻断了原有信仰泉流的奔涌，但激荡起了新的信仰的水花。桑德利亚教从天主教的统治下解放并将之融合进自身，新世纪运动在科学和理性中寻求旧有仪式、灵修中的新的有关神圣的解释，都是世俗化信仰中神圣的表达。由此，新的理念即使以反对的姿态出现，也可能与信仰的传统息息相关，区别在于以何种形式[140]追求何种神圣。概言之，信仰世俗化的结果可能截然相反，一些人认为世俗化取消了宗教信仰的合法性，世俗化就是最有力的证据；另一些人则认为，世俗化使传统信仰衰落了，但信仰之道本身并未远离。神圣不仅不与多元相悖，在后现代的潮流中，神圣真正回归了它的本意——流动的人神之间的交通。

于是，"信仰"在神圣的留存中被赋予了新的内涵。在后现代的思潮中，信仰概念并没有走入虚无，反而从信仰的心理学、社会学、文化学甚至"信仰学"解释回转到信仰本身，并在新的教义学、释经学、灵修学、神秘学[141]中获得了开放的可能。换言之，后现代的信仰解构，完善着信仰之道的可能性，并始终保持开放和包容。在自我显现和自我反省的层面，信仰之道拥有多样的媒介，所以哈桑（Ihab Hassan）说："我们可以再次发问：后现代主义之外究竟还有什么？我们可以问，也可以回答，可是没有人真正知道答案。我只能希望，

---

139 参见 Mark C. Taylor, "Terminal Faith", in *Religion, Modernity and Postmodernity*, Paul Heelas (ed.), Malden: Wiley-Blackwell, 1998, pp. 36-54.

140 林林总总的马克思主义理论也可以如此理解。

141 按照谢林的说法，除了关于绝对者的学说之外，哲学的真正的神秘学还把事物的永恒诞生以及它们与上帝的关系当作最重要的甚至可以说唯一的内容。因为只有以这些学说为基础，那种完整的伦理学，作为一种极乐生活指南，才能够建立，才能够从中推导出来，正如它同样只有在一些神圣学说的圈子里才会出现。（参见谢林：《哲学与宗教》，先刚译，北京大学出版社 2017 年版，第 23 页。）

对某种新领域，譬如'信仰学'（fideology）——不像实用主义或信仰催生术那样有科学性——的兴趣将是荒芜状态的终结。"[142]信仰学是信仰之道在理性时代的产物，它催生信仰的多重含义。其中，神圣或许被解构，或会被加深。但"如果说后现代主义的确指向了什么方向，它现在指向的，首先是超越对老信仰哀悼和怀恋的方向，是许多方向，是信仰本身，而不是更新的老信仰"[143]。换言之，信仰之道的后现代化实际上是更新的、多样的自我显现，它向前奔走，而不留恋自身的足迹。

因此，后现代的宗教哲学研究必然要回归神圣与信仰这一根本主题，其目的不是为了调和或终结后现代的争论，反而是在现代哲学与宗教研究的废墟中发现一种新的意义。[144]换言之，怀疑和解释是后现代宗教哲学研究的底色，[145]与此同时，研究者又要有确证和大声言说的勇气。诚如诺齐克（Robert Nozick）所言："在理性时代限制宗教触觉的不是真实的信念（actual belief）——我不能说我是个信徒——而是默想宗教或上帝可能之诚意（willingness）。"[146]潘尼卡将之总结为："首先，探索真理时要相当真诚，而不管可能在哪里发现这真理；其次，理智上要有极大的开放性，没有有意识的先见，也不有意心存什么偏见；最后，深深地忠于自己的宗教传统。"[147]这样，谦卑和勇气成为后现代宗教、哲学研究的两大主题。一如韦斯特法尔所言，从后现代哲学中可以学习到的信仰的重要维度是有限和谦卑[148]；墨菲（Nancey Murphy）和卡伦伯格（Brad J. Kallenberg）将之具化在生活的信仰之中："因此，对后现代神学家而言，并不存在关于神学是否以及如何可能的一般问题——很多人在早餐前问这个问

---

142 伊哈布·哈桑：《后现代转向》，刘象愚译，上海人民出版社 2015 年版，第 33 页。

143 伊哈布·哈桑：《后现代转向》，刘象愚译，上海人民出版社 2015 年版，第 372 页。

144 "启示的本质被还原为慈爱（charity），而其他的都由非终结的多样历史经验决定。"（Gianni Vattimo, *Belief*, Stanford: Stanford University Press, 1999, p. 77.）

145 在后现代的语境下，有神论的难题在宗教哲学中可以如下几点概括：第一，有关神圣主人的信仰的内容由文本所决定；第二，信仰的见证要么是个人的、要么是教会传统的；第三，文本的限制都以类比和比喻的方式表达；第四，信仰的书写者都以诠释的方式连接经验之物和超验之物。（参见 J. J. C. Smart & J. J. Haldane, *Atheism and Theism*, Malden, MA, Wiley-Blackwell, 2003, pp.185-186.）

146 诺齐克：《上帝的本质，上帝的信仰》，载王晓朝、杨熙楠主编：《传统与后现代》，广西师范大学出版社 2006 年版，第 127 页。

147 雷蒙·潘尼卡：《印度教中未知的基督》，王志成、思竹译，四川人民出版社 2003 年版，第 38 页。

148 Christina M. Gschwandtner, *Postmodern Apologetics? Arguments for God in Contemporary Philosophy*, New York: Fordham University Press, 2013, p. 225.

题！也毋需回答''上帝'这个词是否有所指？'的问题。这个问题应该换成'我们的上帝究竟是怎样的？'对他们而言，毋需以'基督教是否真实？'这一问题作为开始。问题毋宁是：'是否有很好的理由成为一名基督徒，奉行这样一种生活方式？'这既是一个道德问题，也是一个认识论问题。"[149]

---

149 范胡泽编：《后现代神学》，高喆译，上海人民出版社 2014 年版，第 42 页。

第二章　宗教信仰后现代形态的成因及其发生逻辑

后现代哲学的主题之一是发现真正的主体性，这种主体性从对对象的认知中退出，它因主体与他者的并在而在。因此，作为事件的信仰首先要摆脱只被言说的命运，信仰的自治要求它主动、积极地呈现自身，人与神圣居于其中，信仰此时是诸主体之间的相遇和交谈。这种主体间的关系因主体的即在、永在而实在，它时刻联结着信仰的两方，凭认知层面的中介、类比特性，将去对象化的事件扭转为参与者的存在性关联。由此，信仰成为独立的事物，进入其间者会发现，言说与沉默乃是其最基本的形式。对人而言，这一形式意味着人对信仰的理解不再是完全的，后者在与神圣的相关中，获得了根本的超越与隐匿。但信仰毕竟始终属人，因而人对信仰的言说也是衍生的信仰的形式之一。这样，言说信仰就是人对神圣的寻求、对信仰自为的参与，它具有称呼、书写、定义等诸多样式。在最广泛、最基本、最合理的层面，有关信仰本身的言说[1]构成了宗教哲学，信仰此时既是被言说者，也是言说的主体。

第一节　宗教信仰的根本规范

一、信仰作为事件

对于一般信众而言，将"信仰"与信仰并置是难以接受的：不仅因为并置

1　由于不只关注信仰的内容，这种言说是深刻的。

这一做法透露着逻辑上似是而非的危险，而且因为并置暗含着存在者并行的荒谬——这本身就是反讽的。所以，即使这一内在的原理对他们来说模糊不清，但他们仍然乐意以看待骗子的眼光看待那些满嘴大话（很明显此处的大话意味着那些诘屈聱牙的词汇和话语）的传道者、辨士和哲人，一如那些嘲笑查拉图斯特拉的群众。然而，令人惊异的是，这一常规的做法及其呈现的朴素的道理让人难以反驳：对于一般信众而言，那些说得天花乱坠却从不乐意参与宗教活动的谈论者与形骸放荡的花花公子在根本上没有什么区别，二者都试图以谈论生成虚假的实在表象，从而达到在信仰之外的某些目的；而信仰本身却反对这样一种言谈的轻佻和傲慢，"信仰是这样一个事件，新的人在其中得立"[2]。因此，承认并解决这一接受的困难对哲人来说同样意味深远，去信仰和谈论信仰之间的鸿沟本身便是一个存在论的难题[3]——存在为何是其所是而非不是其所是，抑或不是其所是亦非不是其所不是，它蕴含着某些神圣伦理的价值。

事实上，这一难题并非无法解决，因为并置本身为我们提供了一种新的思路：在意外的共在、存在的反讽、拼贴的戏剧效果中，生成性本身被置于舞台的前景。正如罗曼诺（Claude Romano）所言，"事件是内在世界的事实"[4]，而事实的不断生成将并置着的"信仰"与信仰从语音学和语义学的偶然中解放出来。"请注意：所有运动都是一个内在事件的标志（Zeichen）：——也就是说，所有内在事件巨大的占优势的部分，仅仅是作为标志而被赋予我们的。"[5]在根本上，信仰是一种备忘记号（Eselsbrücke），而背景是一种深刻的信念。[6]所以，"信仰"必然内出于信仰。"行为存在的本质就在于只能在进

2　Gadamer, Hans-Georg, "On the Problem of Self-understanding", in *Philosophical Hermeneutics*, Linge, David E. (trans.) & (ed.) , Berkeley & Los Angeles, California: University of California Press, 1977. p. 55.

3　萨特在存在论范畴分析了相信的发生，其中，自欺的难题乃是"自欺就是相信"（萨特：《存在与虚无》，陈宣良等译，生活·读书·新知三联书店 2007 年版，第102 页。）。即对相信的非正题意识破坏了相信，相信这一纯粹事件在反思的参与中被搁置，因而成了意识的对象。相信等同于不再相信，相信的存在融于相信的意识，相信在自在、自为的转换中成为自欺。

4　Claude Romano, *Event and Time*, Shane Mackinlay (trans.) , New York: Fordham University Press, 2013, p. 23.

5　尼采：《尼采著作全集》（第十二卷），孙周兴译，商务印书馆 2010 年版，第 336 页。

6　尼采：《尼采著作全集》（第十二卷），孙周兴译，商务印书馆 2010 年版，第 545 页。

行（Vollzug）本身中被体验到并且只能在反思中被给予"[7]，纯粹的活动[8]即是事件之生成。

卡普托对"事件哲学"（philosophy of the event）和"事件神学"（theology of the event）中的"事件"（event）做了如下描述：（1）一个事件并不指英语中"事件"一词暗示的某事的确然发生，而是指运行在某事发生中的、正在被表达、被意识到、被具体化的某些事物。这些事物不是现存的，它们力图在现存的事物中让自己被察觉到；（2）相应地，一个名称（name）和在这名称中活动或发生的事件之间有所差别：名称是事件的一种临时表述，是事件继续发展的相对稳定的结构；而事件则永不满足，处于行进之中，它力图采用新的形式将自身表达在尚未表达的方式中。名称是自然语言中历史性的、偶发的、临时的表达，而事件则是那些企图规范或表述、命名或去命名的名称；（3）一个事件并不是一种事物，而是在这种事物中活动的某些东西。事件在事物中被意识到，获得了现实性并于彼处在场，但它总以临时的、可更改的方式出现。与此同时，事物的不满足性和流变为它们居于其中的事件所诠释；（4）作为一种事物或一句话的"某事发生"，由于不可解构的事件的原因，总是解构性的。这并不意味着事件如同柏拉图的理式（eidos）一样永远为真，与永远为真大为不同，鉴于那被建构的都是可解构的，事件从不在场，从不完成或被规范、被意识到或被建构。话语和事物是可解构的，但只要某些事物在（s'il y en a），事件就是不可解构的；（5）在时间性方面，事件从不是现在的，它从远方向我们发出请求，临近我们，将我们拉向未来，呼喊我们到那去。事件是呼求和承诺，它拥有德里达称之为不可见的到来（à venir）的结构。[9]于是，作为事件，信仰和"信仰"获得了内在的一致性：信仰乃是让其发生（ein Geschehenlassen）

7　舍勒：《伦理学中的形式主义与质料的价值伦理学》，倪梁康译，商务印书馆2011年版，第547页。

8　"一切意识和一切存在所依据的唯一的和绝对的东西，是存粹的活动。存粹的活动表现为某种在我之外的东西的效用性。"（费希特：《伦理学体系》，梁志学、李理译，商务印书馆2009年版，第13页。）

9　参见 John Caputo & Gianni Vattimo, *After the Death of God*, New York: Columbia University Press, 2007, pp. 47-48.对此，巴迪欧的解释更加严格，这一解释是本体论性质的。"事件归属于情势的不可确定性，可以解释为一种双重功能。一方面，事件可以激活空，另一方面，它让自己介入到空与自身之间。它既是空的名称，也是呈现结构的超——一。这就是命名空的超一，在历史性情势的内部—外部，在秩序的挠（torsion）中，它显示了非存在的存在，即生存（exister）。"（巴迪欧：《存在与事件》，蓝江译，南京大学出版社2018年版，第228页。）

以及在让其发生中的行为（ein Tun）。[10]

　　这样，去信仰和谈论信仰在言的层面会通，信仰不仅与存在的生成或生成着的在者根本相关，它本身成为一种被言预示、诠释、印证的事件。如柯尔律治（Samuel Taylor Coleridge）[11]所言，信仰应该被定义为对我们自身存在的忠诚，就自身存在而言，它不是也不能成为感觉的对象；且对一般存在来说，在明确的关涉或暗指中，它同样不是感觉的对象。与之类似，它也不与那任何被确证或被理解为感觉的条件、伴随、结果的事物等同。[12]这意味着，信仰在对自身存在的忠诚中，将自身纳入更高的存在、道德、权力中去，在宗教中，这更高之物所指示的正是神圣及其现象性的呈现。于宗教范畴（此处指基督教），信仰是如此一种美德：它由上帝的独特生活的交通向我们而来；它塑造了与众不同的有关上帝、世界和我们自身的真理；它具化在一种认知的、情感的、行为实践的集合中，允诺着本真的人的完满[13]；而在生活世界，“信仰作为一种活动和发生，它是生活，是完满的生活”[14]。换言之，信仰不是基于证据的认知上的盲目接受，而是基于经验和感受的，与信仰陈述一致、协调的朝圣之旅。信仰不在信仰者的体认之外，它反对一种现时的纯粹经验证明形式。在这个意义上，瓦拉（Lorenzo Valla）和路德都认为信仰与未来的行动必然相关，他们都持有宗教是与心、与意志相关的事件这一看法。[15]概言之，信仰事件不断生成与神圣相关的实在关系。

二、信仰作为关系

　　事件生成关系这一说法通常带来认识论上的误解：一些人会认为关系是事件的结果，而另一些人则宣称关系就是事件本身。其直接后果是，偶然和巧

10　参见朋霍费尔：《伦理学》，胡其鼎译，商务印书馆 2012 年版，第 108 页。

11　又译柯勒律治、科尔里奇。

12　参见 Bernard M. G. Reardon (ed.), *Religious Thought in the Nineteenth Century: Illustrated From Writers of the Period*, London: Cambridge University Press, 1966, pp. 244-251. 此即“诗意的信仰”。

13　参见 Alfred J. Freddoso, "Christian Faith as a Way of Life", in *The Blackwell Guide to the Philosophy of Religion*, William E. Mann (ed.), Oxford: Wiley-Blackwell, 2004, p. 174.

14　Gerhard Ebeling, *The Nature of Faith*, Ronald G. Smith (trans.), Philadelphia: Fortress, 1961, p. 21.

15　参见 Jerry H. Bentley, *Humanists and Holy Writ: New Testament Scholarship in the Renaissance*, Princeton: Princeton University Press, 1983, pp. 62-63.

合和合为业——一种存在的威权由此诞生,事件和关系被笼统地纳入存在的范畴。然而,天意和命运与此并不相关,关系和事件作为存在范畴的基本要素根本无需此类表面关联。根据亚里士多德的说法,对其他事物作出表述的词叫做"与……相关"或"关系的"(*ad aliquid*)。即关系词是这样一些词,当表示一些东西时,它们涉及其他一些东西,因而对于一个含有这样谓述另一事物的词项的命题,除非人们确切地知道所涉及的事物是什么,否则就不能知道这个命题是真的。[16]"含蓄的名是这样一个名,它主要地意谓某种东西而次要地意谓另一种东西。含蓄的名有在严格的意义上叫做名词定义的东西。"[17]作为事件的信仰正是如此,它的主要意谓是关系,而次要意谓是信仰的双方:主体和对象。谓词逻辑用于表征信仰极为合适,它将主格和间接格无优先地通过语法联结在一起。因此,所谓生成,在语言学上就是句法功能及语用的发生;而在根本上,存在发生之事件与存在样态之关系相互转换。这样,生成的意味是存在者的本质于存在中诞生[18];相应地,信仰作为一种关系,它指称信仰者于神圣之中得到某种区别于初始表象的回应和确证的事件。[19]布拉德利(F. H. Bradley)对此做了具体的解释:"信仰是一种内在矛盾的、流动的人神关系,它包含在细节上未被确证的真理、震荡的情感态度和可以转化为不信的信仰的实践。换言之,信仰如同宗教一样,都在人神关系的不确定中被不断生成并具化;它立处关系之中,一旦脱离就成为某种虚无。在终极的层面,信仰是有

16　参见奥卡姆:《逻辑大全》,王路译,商务印书馆2010年版,第167页。

17　奥卡姆:《逻辑大全》,王路译,商务印书馆2010年版,第31页。

18　萨特对此作过描述:"先验的意识是无人格的自发性。意识命定要每时每刻实存,人们不能在意识的实存之前设想任何东西。这样,我们的意识生活的每一时刻都向我们揭示从虚无开始的创造。这不是一种重新整理,而是新的实存。对我们每一个人来说,都有某种令人焦虑的事情,那就是超出行为把握这种实存的不懈创造,而我们并不是这些创造的创造者。在这个层次,人感到自己通过总是意外的财富不断地自我逃逸、自我摆脱、发现自己,仍然是无意识通过意识负责分析这'我'(Moi)的超越。因此,'我'(Moi)对这种自发性一筹莫展因为意志是为着并凭借这种自发性而构成的对象。一直趋向状态、情感或事物,但它永远不转回到意识上面。"(萨特:《自我的超越性:一种现象学描述初探》,杜小真译,商务印书馆2010年版,第44页。)

19　"上帝不是首先以某种方式已出现,然后再被追求、热爱、尊敬。而是一种追求、一种热爱、一种尊敬作为被感觉到的和作为有正当理由存在着的事实,并且上帝是为了使这种感觉拥有一个权利、一个支撑、一个逻辑可能性而必须存在着的对象的名字。"(格奥尔格·西美尔:《哲学的主要问题》,钱敏汝译,北京师范大学出版社2021年版,第109页。)

关神圣关系的表象，这表象为神圣的难以言喻之本质所规定。"[20]当然，按照西田几多郎的说法，甚至宗教本身也是神与人之间的关系，[21]此处宗教被抽象理解了。但无论如何，"真正的认识自我以及符合神意的途径只是在于自我去体会主客合一的那种力量"[22]，即人在人—神关系中重新发现自我。

而在性质范畴，信仰作为"关系的事件"，更多呈现存在的形式特征。如巴津（Jean Bazin）所强调的，信仰是一种关系，其中主体进入的不是事实，而是一种再现。信仰状态并不一定意味着客观世界的理论；在大多数时候，信仰既不否定也不确认知识。[23]这意味着，人们最好坚持信仰的"语用"或"语效"性质：它定义了一个信众群体，其内容也许不是最重要的。波兰栖赫（Ciche）[24]的信仰习惯是一个典型案例：对此地的居民而言，他们更在意的是去相信什么，并且遵循某种宗教传统，至于是哪种传统，并非至关重要。所以，尽管罗马天主教由于历史原因成为当地人的宗教传统，但人们对其教义和训导的遵循并未呈现出一种被强迫的状态——人们更在乎这种传统是否能使团体生活更加紧密、惬意。[25]这意味着，信仰作为事件的重要性体现在其存在结构上，即有时它的发生本身胜过其内容；作为一种文化背景，信仰需要的是接受。

与此相对，信仰作为"事件的关系"，对内容的强调大过形式上的满足，事实[26]此时优先于主体的理解及解释。其典型表现是，在教会成立的早期，伊

---

20 Bernard M. G. Reardon (ed.), *Religious Thought in the Nineteenth Century: Illustrated From Writers of the Period*, London: Cambridge University Press, 1966, pp. 369-373.

21 参见西田几多郎：《善的研究》，代丽译，金城出版社有限公司 2020 年版，第 120 页。

22 西田几多郎：《善的研究》，代丽译，金城出版社有限公司 2020 年版，第 115 页。

23 参见 Jean Bazin, "Les Fantômes de Mme du Deffand", in *Critique,* 1991, pp. 492-511, 529-30.

24 Ciche 在波兰语中的意思为"安静的"。

25 参见 A. Pasieka, *Hierarchy and Pluralism: Living Religious Difference in Catholic Poland*, New York: Palgrave Macmillan, 2015, p. 126.

26 必须做出说明的是，在逻辑学、数学、物理学等研究中，关系总被视作一种事实，并且这事实区别于历史事实，因而这关系多数情况下（诸如新柏拉图主义、新实在论等除外）区别于信仰。"那发生的东西，即事实，就是原子事实的存在。原子事实就是各客体的结合。"（维特根斯坦：《逻辑哲学论》，郭英译，商务印书馆 1985 年版，第 22 页。）"数学家研究的不是客体，而是客体之间的关系。"（彭加勒：《科学与假设》，李醒民译，商务印书馆 2021 年版，第 26 页。）"实验只不过告诉我们物体相互之间的关系；至于物体与空间的关系，或者空间各部分的相互关系，没有一个实验影响或能够影响。"（彭加勒：《科学与假设》，李醒民译，商务印书馆 2021 年版，第 74 页。）

莱纳库斯（Irenacus）就强调了基督教信仰的四个方面：第一，要藉着从以色列领受的圣经来表达信仰，不存在废除旧约的问题（这是许多诺斯替派计划的一部分）；第二，信仰植根于使徒的布道，正如他们在自己的著作和（衍生的）信条中所述的那样；第三，团体应当通过当时普遍承认的圣礼——洗礼和圣餐——来实践他们的信仰；第四，教会对这些原则的忠诚将由主教和神父的权威来保证，他们被理解为使徒的继承人。这四个方面都是"基督伟大而荣耀的身体"的组成部分。他们使教会成为一个神圣的机构：上帝的灵所在之处，就有教会和全部的恩典，这灵就是真理。[27]显然，于基督徒这一群体而言，基督信仰是其身份定位的根本条件。

值得一提的是，与艺术宗教（美的宗教）和天启宗教（精神宗教）相比，自然宗教[28]更强调信仰的关系性；且由于这种自然的特性，事件化带来的（尤其是现代性产生的）压迫得到了很大程度的缓解。例如在非洲本土宗教中，与信仰或信念相关的事情被戏剧化为一种生活方式，这种生活方式的目标在于保持人与同伴和环境的恰当关系，在物质和心灵层面都是如此。按照奥波库的（Kof Asare Opoku）说法，"信仰呈现为一种整全的生活"[29]。这也意味着，人的自我（以及宗教的自我、文化的自我）是在信仰关系中与神圣者共同组成的，它包括反抗的神圣权利、一种融合宗教的创建以及对神圣领域的占有。[30]历史使信仰的关系具化为冲突、对抗、交流、融合等宗教现象，但关系性本身决定了各种信仰关系的持久存续；所以，侧重生活关系、族群关系、文化关系的自然宗教不但不会消亡，它反而会在复杂的宗教信仰中重生——本土宗教的去基督教化[31]正是其典型。

在关系的构成层面，信仰缘起于人、神之间，它是神圣与存在范畴相遇时人的理解，并且这种共在是绝对的[32]。因而，任何于个体或集体的之中发生的

27　参见 Irenacus, *The Scandal of the Incarnation: Irenaeus Against the Heresies*, Hans Urs von Balthasar (ed.), John Saward (trans.), San Francisco: Ignatius Press, 1990.

28　此处有关宗教类型的划分，参见黑格尔：《精神现象学》，先刚译，人民出版社2015年版，第417-486页。

29　Kof Asare Opoku, *West African Traditional Religion*, Accra, Ghana: FEP International Private Limited, 1978, p. 13.

30　神圣领域的占有又分为神学的愉悦、圣言的权能和资源的再分配。参见 Dwight N. Hopkins, *Down, Up, and Over: Slave Religion and Black Theology*, Minneapolis: Fortress Press, 1999, pp. 115-147.

31　此处指已被基督教化的本土宗教的复兴，比如桑德里亚教、海地伏都等。

32　信仰关系的绝对性可以如此表述："一种关系就是一个事实，这个事实关涉所有相

信仰事件（比如祈求）都无法超出其情境。根据布尔特曼的说法，"这信仰是面对在上帝之道的宣告中的、我们面前的恩典的那决定"[33]。信仰乃是上帝的作工，至于由祂而来的恩典则首先使人的决定成为可能。因此这决定自身可以仅被理解为上帝的恩赐，且由于那缘故，它没有失去作为决定的特质。所以，信仰不仅是人与上帝之间的关系，也是人与自身的关系。[34]正如宗教信仰不是有关命题集合的信念而是对一个人及其作工的信仰，[35]作为信仰构成要素的理解不是对事实的对象性的、学术性的理解，而是一种存在性的理解。[36]"宗教运动的一个目的（如果不是主要任务的话）始终是要令人满意地理解人类所身处的令人不满和令人困惑的境况；是要封闭仅从经验获得的看法的令人不安的'开口'，从而增强人类的生活信心以及与生俱来的对其同伴的慈爱和同情。"[37]在知识论层面，"神学在总体上是信仰内容的澄清"[38]，如奥古斯丁所描述的，这信仰，正如圣保罗的信仰一般，具有存在性的特质，由信仰理解的知识同样如此。[39]而在更广的意义上，有关的人、神之间信仰的言都是理解的理解，它构成了意识层面的信仰之信仰；同时，狭隘意义上的时空之中的、固化的甚至物化的信仰关系[40]在情境中已成为承载效用的现成物，信仰关系正以如此的多重样态存在。

值得注意的是，凯伦伯格在人与神圣的信仰的关系之外还区分了一种永恒的关系（abiding relationships），后者之于前者的差别在：永恒的关系的存在与参与者的信念或信仰无关——与是不是信仰者也无关，信念或信仰的对

关的关联对象，并且如果它只关涉一个关联对象，它就不能被孤立起来。"（怀特海：《科学与近代世界》，黄振威译，北京师范大学出版社 2017 年版，第 184 页。）

33 Rudolf Karl Bultmann, *Theologie des Neuen Testaments*, Tübingen: Mohr Siebeck, 1953, p. 265.

34 参见 Rudolf Karl Bultmann, *Theologie des Neuen Testaments*, Tübingen: Mohr Siebeck, 1953, p. 319, pp. 325-326.

35 此处指基督，广义上指化身为人的神圣者。

36 Jone Macquarrie, *An Existentialist Theology: A Comparison of Heidegger and Bultmann*, New York: Harper & Row, 1965, p. 200.

37 薛定谔：《自然与希腊人；科学与人文主义》，张卜天译，商务印书馆 2020 年版，第 11 页。

38 Rudolf Karl Bultmann, *Theologie des Neuen Testaments*, Tübingen: Mohr Siebeck, 1953, p. 187.

39 参见奥古斯丁：《忏悔录》，周士良译，商务印书馆 2009 年版，第 324-325 页。

40 如护身符、佩戴在身上的微型神像、饰品都因时空化的神圣关系而起效用。总体上，空间越近、时间越久远，其效用越鲜明。当然，护身符之类的物品会因时间长久而失效，微型神像则相反，其中起作用的既有经济因素、又有崇古心理。

象对此关系而言无关紧要。换言之，永恒的关系的参与者可以身在其中而不知情，他们通过行动或渴望在某种程度上参与其中。[41]因此，这种永恒的关系最容易在（大部分宗教的）创造论的意义上得到理解，其参与者以内在的、直觉的道德感或宗教感和外在的、身体力行的道德或宗教作为成为其中的一份子。[42]信仰的关系需要确切的宗教领会和宗教信念，但永恒的关系只要求一种非冷漠的生存状态，在这个意义上，永恒的关系既是带有无明特征的宗教现象，也是信仰关系的预备事件。永恒的关系是信仰之道的未明形式，它为自身的多样呈现保留了空间，与诸宗教相关的具化的信仰的关系在此处望见彼此。

第二节　认识宗教信仰的可能

一、信仰的去对象化与对象化

　　"即使在信仰的时代（age of faith），并非每个人都同样虔诚。"[43]这一有关人们普遍信仰状况的断言不仅映照出世俗时代人类信仰的进一步滑落，而且宣示着信仰本身的难以企及。究其根本，信仰本身是反对对象化（或概念化）的，即对象化的信仰只是信仰的概念，而不是去信仰（或信仰的行动），即信仰本身。信仰的事件化带来一种内容的去规定，它表达为事件对自我具化的蔑视，其中，作为前提的言或理解被消解了。

　　然而，如前文所述，事件的关系性特征使得认知关系重新生成在主体和对象之间，即使这一人与诸神圣间的信仰关系是流变的，它也孕育着被理解、解释的可能。去对象化、去规定性的根本要求是概念的重构、名称的更迭、事物的自我否定不断发生，在信仰层面，这种变化的不断生成意味着神圣流转的永恒和信仰作为诠释的不间断。如海德格尔所言："如果由原初信念（doxa）而来的信仰的诸样式的距离化以及每种样式的相关复归（以存在的样式复归）都

41　参见 J. Kellenberger, *God-Relationships With and Without God*, Basingstoke & Lodon: The Macmillan Press, 1989, pp. 82-93.

42　对此，朋霍费尔的说法是："信仰就是把生命建筑在我自身之外的基础上，建筑在永恒和神圣的基础上，建筑在基督之上。"（朋霍费尔：《伦理学》，胡其鼎译，商务印书馆 2012 年版，第 108 页。）

43　Charles Taylor, *A Secular Age*, Cambridge, Massachusetts & London: Belknap Press of Harvard University Press, 2007, p. 91.

是不同的，那么一种简单的类型的并置就应当被排除，这距离化和解释复归的各自的意义恰好随之成为中心。"[44]信念在拒斥僵死之在的同时在解释——信仰中面向神圣持存。

在更具体的层面，对象化的关系以主体化的方式展开。按朗西埃（Jacques Rancière）所说，"主体化指的是通过一系列的身体行动所进行的生产以及一种表达的能力，这种表达不能在特定的经验领域中被认识，对它的认识会成为对经验领域的重构的一部分"[45]。于是，就信仰者而言，去信仰这一主体化进程本身就是对象化的，它贯穿了人的行为。"信仰是信任的态度和行为，是对作为价值源泉的特定现实的忠诚，是对对象的忠诚。这一个人性的态度和行为是矛盾的，它既与依附于自我的价值相关，也与指导自我的价值相关。一方面，它信任那给予自我价值的事物；另一方面，它忠诚于自我所重视的。"[46]换言之，信仰由自我和他者共同规定，它拥有一种敞开的认识的张力结构，其中，主体和对象以主体间的方式共在。

对象关系的潜能转化（可能性转化）以类比[47]的方式发生，这直接构成了信仰的范畴论[48]，其中，言说信仰的可能成为现实。具言之，信仰的事件化首先构成人—神（或神人）之间的关联，这关联便是来自"恩典的类比"的"关

44　Martin Heidegger, *The Phenomenology of Religious Life*, Matthias Fritsch & Jennifer Anna Gosetti (trans.), Bloomington, Indiana: Indiana University Press, 2004, pp. 248-249.

45　托德·枚：《错误、歧异、主体化》，载让-菲利普·德兰蒂编：《朗西埃：关键概念》，李三达译，重庆大学出版社 2018 年版，第 99 页。

46　H. R. Niebuhr, *Radical Monotheism and Western Culture*, New York: Harperand Row, 1960, p. 16.

47　"类比，就其本身来说，只是解释现象的一个方面，是为了识别单位以便随后加以利用的一般性活动。"（索绪尔：《普通语言学教程》，刘丽译，九州出版社 2007 年版，第 395 页。）"任何类比事实都是三个角色的合作：（1）传统的、合法的继承者（例如 honōs）；（2）对手（honor）；（3）创造这种对手的各种组成形式（honōrem，ōrūtor，ōrātörem，等等）的集体特征。"（索绪尔：《普通语言学教程》，刘丽译，九州出版社 2007 年版，第 389 页。）

48　诸范畴是"是（者）"（ὄν）的不同含义，"是（者）"（ὄν）以类比的方式（κατ᾽ ἀναλογίαν）述说它们，确切地说，以双重方式述说它们，即以成比例之类比这一方式和关乎同一端点之类比这一方式。（参见弗朗茨·布伦塔诺：《根据亚里士多德论"是者"的多重含义》，溥林译，商务印书馆 2021 年版，第 132 页。）诸范畴不仅仅是一种概念框架，而且它们自身就是实在的概念，是"外在于心灵的在其自身的是者"（ὄντα καθ᾽ αὐτὸ ἔξω τῆς διανοίας）。（参见弗朗茨·布伦塔诺：《根据亚里士多德论"是者"的多重含义》，溥林译，商务印书馆 2021 年版，第 126 页。）

系的类比"。[49] "关系的类比"进入本体的范畴，成为了关系事件；"关系的类比"走向生存化，主体于存在范畴获得生存论性质的体验，此即信仰的"内在关系"；内在关系最终外在化，他人通过倾听[50]、观察、描述的方式分享自身的经历与体验，[51]生存化的信仰由此得到理解、诉说。罗素用更科学的话语做出了如下解释：类比假设是非证明推理的五个假设中的一种，此假设的最重要的作用是证明别人心里的信念是有充分理由的。[52]在一般生活中，类比假设预设交往中的信任；而在宗教实践中，类比假设产生理性的包容——它以最大宽容看待一切未被证明或证否的观点，并且更加关注这些观点的背景，可能性此时被无条件承认。因此，信仰是可被理解的，这理解通过内在化—生存化—外在化的方式进行：于未经历者而言，信仰的行动，不论是个体的还是集体的，在根本上都是潜在的相似体验，这种体验能够以知觉（以及感觉、理性）的类比和想象被描述和解释；而对于经历者，信仰的行动构成一种身体和心灵体会的回忆和踪迹。

　　在这个意义上，信仰的去对象化不能理解为信仰对象的虚无化，后者断绝了事件生成关系的可能；对于信仰本身而言，去对象化的真正意味是：作为对象的神圣永远无法被完全领会，它是屈就的，但未曾缺席。进一步说，即使将

49　有关"信仰的类比"（analogia fidei）和"存在的类比"（analogia Entis）、"恩典的类比"（analogia gratiae）和"关系的类比"（analogia relationis），参见 Erich Przywara, *Analogia Entis*, John R. Betz & David Bentley Hart (trans.), Grand Rapids, Michigan: William B. Eerdmans Publishing Company, 2014. 此外，还有名称的类比（analogia nominum），迦耶坦（Thomas vio Cajetanus）曾著《论名称类比》（*De Analogia Nominum*）一文加以解读，即上帝只有在隐喻性言说的语境中才是一个有丰富内涵的词。（参见云格尔：《隐喻真理》，载王晓朝、杨熙楠主编：《传统与后现代》，广西师范大学出版社 2006 年版，第 24 页。）而巴尔塔萨尤重"美的类比"（analogia pulchri）：每一种美的形式都被视为一种超世俗美（神圣美）的表现，故"美的类比"又称"自由的类比"（analogia libertatis）。参见 Hans Urs von Balthasar, *The Glory of the Lord: A Theological Aesthetics vol. I: Seeing the Form*, Edinburgh: T& T Clark, 1982, p. 198.

50　"信仰的人生活在客体始终带有的多样性中，生活在不懈地准备倾听的状态里。"（卡尔·雅斯贝尔斯：《哲学入门：12 篇电台讲演集》，鲁路译，华东师范大学出版社 2020 年版，第 38 页。）

51　因此，类比并不被科学排斥。"宇宙论与物理理论之间存在一种类比。"（皮埃尔·迪昂：《物理理论的目的与结构》，张来举译，中国书籍出版社 1995 年版，第 333 页。）这类比源自理性和解释的本能。

52　非证明推理的五个假设为：（1）半永久的假设；（2）因果线的假设；（3）时空连续的假设；（4）结构的假设；（5）类比假设。（参见罗素：《我的哲学的发展》，温锡增译，商务印书馆 2009 年版，第 200-203 页。）

信仰视作一种全然的恩典（天启宗教的传统），它的对象也在神圣显现、信仰产生的一刹那诞生了，那被恩典的以施予者为对象，而恩典自身以自身之外的存在为对象。因此，信仰本身是灵与肉合一的意象活动[53]，是完整的充分表达自身的现实行为；这一行为在灵的方面体现为与神圣他者的相遇，在肉的方面体现为身体的自然行动，[54]它既可是沉默的亦可是言说的。

概言之，言说信仰与信仰的去对象化并不矛盾，"恩典的类比"决定了"信仰的类比"的事件化和纯粹性，而"存在的类比"则将"关系的类比"具化为现实。谈论信仰作为信仰的"语言事件"，是对象化了的信仰的"行动事件"，在关系范畴（或世界）[55]，二者都表征一种存在的自反内深，因此它们在根本上相通。正如巴津所言，他者（Other）是真实的，因为它向一个相信的主体传递消息。[56]这消息即对象化了的他者的言说。

二、信仰的沉默与言说

对象化与非对象化在存在论范畴表达为言的在场与缺席，在生活世界，

---

53 这里，意象活动并不专指心理活动，意向性同样适用于灵魂和身体。参见梅洛-庞蒂：《知觉现象学》，姜志辉译，商务印书馆 2001 年版，第 463-512 页；舍勒：《舍勒选集》，刘小枫主编，上海三联书店 1999 年版，第 277-354 页。

54 此处自然指的是合乎现存的自然、历史秩序，因为神迹并不会无故发生，且神迹的发生通常是可理解的。参考后文"神迹"部分。

55 有关三个世界（范畴）的划分可以采取如下看法："那最终的形而上的层次上，宇宙展现为唯一不二的不动的统一体；而逻辑的一层则展示了感觉与概念所认知的物质与观念的多元实在；居于第三层次的则是全无物质而仅为观念的中介过渡的世界。物质本身就是一种观念。除了巴门尼德的世界，还有亚里士多德的世界，这中间则是柏拉图的理念世界。三个世界并非互相排斥的，而是各各存在于自己的领域中，并且互为补充的，并取决于我们从其中哪一个出发到此或达彼。"（舍尔巴茨基：《佛教逻辑》，宋立道、舒晓炜译，商务印书馆 1997 年版，第 593 页。）更具体地，"关系世界呈现为三种境界。——与自然相关联的人生。此关系飘浮在幽冥中，居于语言无法降临的莫测深奥。众多生灵在我们四周游动孳生，但它们无力接近我们，而当我们向其称述'你'时，吐出的语词却被囚禁在语言的门限内。——与人相关联的人生。这是公开敞亮，具语言之形的关系，在此间我们奉献并领承'你'。——与精神实体相关联的人生。此为朦胧玄奥但昭彰明朗之关系；此为无可言喻但创生语言之关系。在这里，我们无从聆听到'你'，但可闻听遥远的召唤，我们因此而回答、构建、思虑、行动。我们用全部身心倾诉原初词，尽管不能以口舌吐出'你'"。（马丁·布伯：《我与你》，陈维刚译，生活·读书·新知三联书店 2001 年版，第 4 页。）

56 参见 Jean Bazin, "Les Fantômes de Mme du Deffand", in *Critique*, 1991, pp. 492-511, pp. 529-30.

这意味着信仰事件既可是言说的，亦可是沉默的。作为话语事件的两种类型，言说和沉默与倾听者的接受根本相关。如保罗所言，人所听的道，不仅是外在的声响，也是那浸透人心、由心所知的东西。[57]基督教将 fides ex auditu 称为聆听之信仰（或由聆听得来的信），意在指明的正是这样一种被接受者在言层面的表达：言说或沉默，信仰事件都在绝对的接受中承载着神圣的具化和显现。在贡达（Jan Gonda）对咒（japa mantra）的描述中，可以清晰地看到言语将声音与神圣联结带来的仪式在结构的具化中拥有的那种被中介的合法性：这被言说的话语是一种行动，是一种权能的运转，它揭示了言说者的态度并且包含了某些创造性的事物……仪式行动的实现、对未见者施加的影响、权能的利用作为规则都要求一种传递主祭的意志、欲求和关注的声音性的表达；这种对欲求结果的言语性相关成为一种手段不断生产着它。[58]而沉默同样是生产性的、欲望着的，如同克尔凯郭尔所宣称的那样，"沉默是魔鬼的陷阱；沉默愈甚，魔鬼就愈可怕。但沉默也是神灵与个人的相互理解"[59]，毕竟沉默从不明确否认某种断言，它只是以别样的方式（如暗示或漠视）表明自身的立场。

这样，言说与沉默的二分便不具有价值论的含义，价值所蕴含的称量意味在语义的模糊及存在的拒绝中消融了。在内容层面，那为沉默所隐没、暗藏的言说最终涌现——它在最平凡的话语中迸发出惊人的力量，沉默正是其力量的源泉；而在形式层面，沉默作为言说的居所和发生地，孕育着话语的生机——滔滔不绝、胡言乱语和嘀咕呢哝显然被排斥在二者之外。因此，沉默和言说在宗教行为中的含义实际上是未定的：诸种形式的言说不能承担全部的神意，沉默也只是表达宗教信仰的特殊方式的一种——断言和默语的感受所达

57　参见 Martin Luther, *Lectures on Galatians*, in *Luther's Works*, vols.26-27, Jaroslav Pelikan (trans. & ed.), St. Louis: Concordia Publishing House, 1963, p. 375.

58　参见 J. Gonda, "The Indian Mantra", in *J. Gonda Selected Studies*, vol. 4, Leiden: E. J. Brill, 1975, pp. 248- 301.

59　克尔凯郭尔：《恐惧与颤栗》，刘继译，贵州人民出版社 1994 年版，第 63 页。当然，这种沉默也可以是人与人之间的。因为，无言的交流关系往往建立在一种深度信任之上，波兰尼说，这就是人类存在所独有的一种欢会神和（conviviality）构境。（参见张一兵：《神会波兰尼：意会认知与构境》，上海人民出版社 2021 年版，第 137 页。）欢会神和无疑是超—沉默的，言说此刻多余，它与不可言传的沉默截然不同。不可言传寻求一种替代，而欢会神和总在溢出中寻求一种超越，因此它总与神圣的指向有关，即使波兰尼本人并未明确这一点。

致的神圣的领会，在根本上与那被理解、被传扬者同出一源。[60]所以，耶和华对摩西的警喻"除了我以外，你不可有别的神"[61]，及约伯对上帝的呼求——"我呼求你，你不应允我；我站起来，你只是望着我"[62]——都是语言的事件，它们是神圣彰显自身的话语。

当然，在类型学的层面，言说的形式是胜过沉默的，因为言说象征着外部的表现，而沉默则代表内部的涌动。在身体层面，呼喊、言说、写作，[63]都是信仰作为的表达：相信有人会理解，有人会回应，而沉默则作为间歇存在。"诗篇作者说，我呼求耶和华，他就应允了我，此处我们的首次呼吸是一种呼喊，它标志着我们进入对话、回应和责任。与此同时，沉默称为谈话韵律的标记，在这种沉默中——未言说和未书写的——才有了回应。这种沉默在等待，作为一种期待，它充满了对答案的盼望；也正是关注的沉默，倾听的沉默，先于回应且偶然出现。有时这沉默是最短暂的，几乎看不到声音的重叠；有时它痛苦而漫长，甚至成为无休止的寂静。然而有时候，对答案的期待会变得疲惫，等待会被放弃，信念会让位于绝望；此时沉默意味着没有理由呼喊，因为没有回应到来。如此，还有另一种不那么乐观的沉默——既不是期待，也不是倾听，而是冷漠和疲惫。这种沉默不是一种神秘的成就，不是诗句中的音顿，也不是

---

60 维柯（Giovanni Battista Vico，也译作维科）的说法是："人们按宗教的特性要把默想看作比说话更重要。"（维柯：《新科学》，朱光潜译，商务印书馆1989版，第197页。）而伪狄奥尼修斯的解释是："事实是：我们飞升得越高，我们的词语越局限于我们所能形成的观念；所以当我们进入到超出理智的黑暗之中时，我们将发现自己不仅词语不够用，而且实际上是无言与不知。在先前的书中，我的论证从最崇高的范畴向最低下的范畴进发，在这下降的跑道上包容进越来越多的、随着下降的每个阶段而增加的观念。但是现在我的论证从在下者向超越者上升，它攀登得越高，语言便越力不从心；当它登顶之后，将会完全沉默，因为祂将最终与那不可描状者合为一体。"（（伪）狄奥尼修斯：《神秘神学》，包利民译，商务印书馆2012年版，第99页。）

61 《出埃及记》20：3。若无特别说明，下文中有关《圣经》的引文皆出自2010年中文和合本修订版。

62 《约伯记》30：20。

63 对应的沉默则表现为默语、断言以及苦修的静思。当然，在更细致的划分中，言说的形式还包括对白、宣告、论证、说方言等，但它们总体被包含呼喊、言说、写作中。波爱修在对《解释篇》的评注中曾提及，"论说有三类：写下的、说出的和概念的（最后这一种只存在于心中）。词项同样有三类：写下的、说出的和概念的"。（奥卡姆：《逻辑大全》，王路译，商务印书馆2010年版，第1页。）但由于考虑身体作为和内心理解的差别，故不采取此说法。呼喊、言说和写作是递进的，理性逐渐主导身体的作为。

对话中的停歇，而是一种令人惊叹的沉默，它预示着没有答案。"[64]在沉默中，言说才真正被唤起。

事实上，沉默有时似乎比语言更有效力。按照《塔木德》的说法："语言的价值是一个塞拉（sela），沉默的价值是两个"（Meg. 18a）；"沉默医百病"（Meg.18a）；"沉默对聪明人有好处；对愚蠢人则更有好处（Pes.98）。"此处，沉默作为一种智慧显然更加符合一种现实的生存境况。在宗教实践中，这种沉默的智慧属于神圣智慧的一种。"我一生都在聪明人中间长大，使我受益最大的就是沉默（Aboth1：17）。"[65]作为一种隐匿着的言说，沉默在根本上是思想性的。沉默是口的缄默，它反对的是口的胡乱，而心在静默中为神圣说话。

这样，沉默不再拒绝言说。超越论还原[66]一直在努力做的就是将"隐默的意识"用话语说出，并且在说出此话语时不把随附其中的构造性的意向性之运作本身视作位于这世界之确定性之中的一个确定。存在意识生活将自己从世界之确定性中排除了出来，而且恰恰由于将自己排除在世界的确定性之外，恰恰由于意识因此成了"隐默的主体"，它才使世界中的存在者们各自得以在其在场、在其同一性中确立自己。[67]换言之，意识因言说沉默得立。

三、信仰理解的超越与自治

言说与沉默的转换通常在存在境况的迁变中发生，其中言说使沉默的认知超越效用凸显出来。根据谢林（Shelling）的说法，对超越性的呼吁不是否定弥散的理性及其物质状况的信仰的飞跃，而必须代之为那种理性的独特的

64　Regina M. Schwartz, "Communion and Conversation", in *The Blackwell Companion to Postmodern Theology*, Graham Ward (ed.), Malden, MA: Blackwell Publishing Ltd, 2001, p.62.

65　参见亚伯拉罕·柯恩：《大众塔木德》，盖逊译，山东大学出版社 2004 年版，第 115 页。

66　海德格尔认为康德论述了超越性的可能性根基："为了存在物能够将自身作为自身供奉出来，其可能的相遇活动的境域必须要自身具有奉献的表征。这种'转到对面'本身必须是奉献者之一般的某种前象式的持存活动。"（海德格尔：《康德与形而上学》，王庆节译，商务印书馆 2021 年版，第 102 页。）"因此，它（至上原理）也可以这样简短地来把握：使得一个经验得以可能的东西，同时使可经验的东西以及经验到了的东西本身成为可能。这就是说：超越使得一个有限的本质得以进入存在物自身。"（海德格尔：《康德与形而上学》，王庆节译，商务印书馆 2021 年版，第 134 页。）

67　参见列维纳斯：《论来到观念的上帝》，王恒、王士盛译，商务印书馆 2019 年版，第 168 页。

转变，这种转变带领我们超越而不是去否认理性和物质性。[68] 而按照克尔凯郭尔的观点，这种转变正是在理性之外的，毕竟"理智的运动是单纯无限性的运动，而信仰的运动则相反：在造成了无限性的运动之后，它就去制造有限的运动"[69]。显而易见的是，在克尔凯郭尔看来，唯独信仰能够在无限的运动中把握自身，而理性本身——即使发生了独特的转变——其根本结构[70]也无从改变。所以，在无限的弃绝、悖论性的存在中，理性沉默了——它没有实现那种超越的融会。"无限的弃绝是信仰之前的最后阶段，所以不做这一运动的人不能说拥有信仰；因为，唯有在无限的弃绝中，我才意识到我永恒的有效性，唯有通过信仰一个人才可以说把握了存在。"[71]

然而，即使我们赞同克尔凯郭尔的说法，这一沉默事件也只发生在理性之中，它并不意味着对象化的禁绝和认知的完全隔断。在理性之外，在普遍感觉、根本直觉、内在感受[72]、神圣经验中，信仰的可知性已被预设，它直接呈现为信仰者的自我确证。就信仰的飞跃自身而言，如雅各比（Friedrich Heinrich Jacobi）所说，"信仰中的飞跃包含一种当即的确定性，此时再现本身同被再现的事物一致。对这种信仰（Galube）的理解只能通过直观达到，它不仅不需要证据来证明，反而排斥一切证据"[73]。换言之，这种由当即的确定构成的确信在根本上反对一种综合的或滞后的说明或演绎，唯独在当即的体验和明悟中，信仰事件发生。

68　参见 Schelling, *On the History of Modern Philosophy*, Andrew Bowie (trans.), Cambridge: Cambridge University Press, 1994, p. 173.

69　克尔凯郭尔：《恐惧与颤栗》，刘继译，贵州人民出版社 1994 年版，第 14 页。

70　"理性不是一种特定存在和持续存在的物，而是行动，是真正的存粹的行动。"（费希特：《伦理学体系》，梁志学、李理译，商务印书馆 2009 年版，第 59 页。）

71　克尔凯郭尔：《恐惧与颤栗》，刘继译，贵州人民出版社 1994 年版，第 22 页。

72　实在且深刻的宗教感受（包括与神圣断裂的神圣体会和绝望、苦痛等心理感受的复杂感受）不能被化约成外在的心理感受或感官感受。这里涉及到感受的分类：神圣感受，内在感受，心理感受，感官感受等。区分的标准是神圣表达的形式，即：神圣感受是直接体会（没有媒介）、超越性感受，可能引发其他感受，但并不是必然的；内在感受是关系性体会，是非心理感受的纯形式的感受为基础的、可能引发其他类型的感受，也不是必然的；心理感受是非感官感受，以实在的心理而非身体的感受为媒介、可能对感官感受产生影响，亦不是必然的；感官感受是仅以身体为媒介的。

73　Gerard Vallee (ed.), *The Spinoza Conversations Between Lessing and Jacobi: Text With Excerpts From the Ensuing Controversy*, Lanham, Md: University Press of America, 1988, p. 120.

事实上，有关理性与信仰在认知方面的纷争存在已久，且其焦点始终在理性是否能够完全承担认知神圣这一职责之上。在《讲道集》（*Homilia*）中，爱留根纳继续了《论自然的区分》（*Periphyseon*）的主题，他宣称信仰是必要的，但其必要性只在于它为理智和冥思的工作做了预备，后者由纯粹、超然而客观的精神或灵魂完成[74]；与此相对，彼得及其后徒更看重信仰和行动，他们强调谦卑、顺服和盼望胜过自大的理性。所以，克尔凯郭尔的工作实际上是在理性的基础上扩展信仰的认知空间，而激情恰好在理性的循规蹈矩中为信仰带来冲撞的旋律和涌动的生命活力。"信仰是令人惊奇之事，无人能逸出其外；因为，将人类一切生活统为一体的是激情，而信仰就是激情。"[75]在事件的涌动中，一种超越的关系被建立起来。

当然，以下的普遍信仰状况也被人们广泛承认：既没有信徒可以全凭激情完成既定的宗教活动，也没有信徒可以全凭激情确立自己的信徒身份。典型表现是，大部分宗教并不承认"激情入教"者，也没有哪个宗教惯常处于集体狂迷之中。所以，事实是理性不仅在宗教实践的预备和总结之中占据极其重要的位置，而且它为激情的描述提供了方法：一个激情的人的行为往往是不理性的，但这种不理性同样不足以被另一种激情接纳——这一点可以从精神病人的例子中看出来，反而是理性承担了沟通的职能。正如爱留根纳强调的，"信仰只有预备了这道（实在真理即权能，*vero ratio* is *auctoritas*）才是首要的——纯粹的理性必须首先渗透真理本身"[76]。因此，于理性而言，信仰的飞跃并不是了无踪迹的断裂；恰恰相反，理性得观激情一跃留下的痕迹和影像，此即在沉默中被言说的信仰。

而在理解信仰（或信仰与理性的功能）这一问题上，向来存在两种争锋相对的观点。其中一种观点认为，信仰不仅代表了对神圣的理解，而且它自身在这一理解事件中被理性澄明。按照沃德的解释，信仰寻求理解的这一事件本身将信仰与理解（或理性）结合起来，即寻求这一追寻的、活动的状态，是信仰之道自我呈现的关键所在。[77]如威廉斯（Bernard Williams）所强调的："如果

---

74 参见 Dermot Moran, *The Philosophy of John Scottus Eriugena: A Study of Idealism in the Middle Ages*, Cambridge: Cambridge University Press, 1989, p. 79.

75 克尔凯郭尔：《恐惧与颤栗》，刘继译，贵州人民出版社 1994 年版，第 43 页。

76 Dermot Moran, *The Philosophy of John Scottus Eriugena: A Study of Idealism in the Middle Ages*, Cambridge: Cambridge University Press, 1989, p. 90.

77 参见 Graham Ward, *How the Light Gets in: Ethical Life I*, Oxford: Oxford University Press, 2016, p. 223.

你不知道在信仰中所信的是什么，那么你怎么能确定你在信某些东西呢？"[78]如果仅仅在口头上谈论真理或貌似真理的理论，而不真正理解它们，就不能真正信仰它们。"因为只有理解了才能信仰；信念即是深信我们所认识到事物有独立于意识的真实存在，并且其存在与我们所认识到的是完全一致的。"[79]与之相对，另一种观点宣称信仰不需要理性或要超出理性理解的范畴，在一般意义的理解之外，有超越性的力量取代了理解的功能。格里高利一世（Gregory the Great）认为，唯独理性可达上帝的言论是不可接受的，而大马士革的约翰（John of Damascus）将信仰定义为"无质询的同意"[80]，这无疑进一步取消了理性的辅助或补充作用——理性在非反思甚至是无意识层面[81]的参与成为一种信仰的生存样态。

事实上，这两种观点可被概括为信仰寻求理解的中和论以及信仰主义（或僧侣主义，fideism），它们与"信仰不在理智之外"的理智论共同构成了信仰与理智的三种关系类型。其中，信仰主义宣称知识来源于信仰，德尔图良（Tertullian）的观点是其典型。赫尔姆（Paul Helm）将信仰主义分为三种：概念的信仰主义（conceptual fideism）、整体的信仰主义（global fideism）和道德的信仰主义（moral fideism），三者分别呈现信仰在概念、认知和道德层面对知识的优胜。概念的信仰主义认为知识在根本上是狭隘的、初级的，它从属于信仰的复杂和奥秘性，只是通往信仰道路的预备；整体的信仰主义悬置信仰的真理问题，它以怀疑的态度看待确定的人类知识的有限性，为神圣知识和信仰的无限扩展留下空间；道德的信仰主义宣称知识建立在道德前设之上，且若与信

78　B. Williams, "Tertullian's Paradox", in *New Essays in Philosophical Theology*, A. G. H. Flew & A. C. Macintyre (eds.), London: SCM Press, 1955, p. 209.

79　迈蒙尼德：《迷途指津》，傅有德等译，山东大学出版社 1998 年版，第 107 页。

80　参见 Harry Austryn Wolfson, *The Philosophy of the Church Fathers: Faith, Trinity, Incarnation*, London: Geoffrey Cumberlege, Oxford University Press, 1937, p. 139.

81　冯·哈特曼（Eduard von Hartmann）的无意识理论支持这种看法：每种思维的再现是无意识过程的结果，而这些思维不过是当我们或是回忆、或是从一种思维过度到另一种思维、或是回退到先前的经验的时候而凸显出的复杂状况。（参见布伦塔诺：《从经验立场出发的心理学》，郝忆春译，商务印书馆 2020 年版，第 131-132 页。）此时，无意识是一种融贯的过程，是某种意识习惯性运转的机器，是意识的无觉状态，它不能被称为"无意识的意识"。赫尔姆霍茨（Hermann von Helmholtz）发现的无意识推理则说明了本能与理智的深层交互，二者在根本处扭和。（参见波林：《实验心理学史》，高觉敷译，商务印书馆 2009 年版，第 376-380 页。）

仰相关的道德前设未得到确立，那么人所得的知识就是无用的。[82]与此相对，信仰的理智论认为信仰不在理智之外，无论在哪种意义上——只要缺少理性或理智，信仰的自治都是不可能的，因为它弃绝了人的有效言说。如班布罗（Renford Bambrough）所言，"信仰只是理性类别中的一种，在最低层面，信仰也是一种理性回应的模式"[83]。"信仰必须自理智中生长，将自身立在其上，不能停留在无知之中。"[84]此外，中和论的支持者为"信仰寻求理解"这一论断提供了更多的理由，如普兰丁格赞同一种在扩展的阿奎那—加尔文模型基础之上的信仰解释，此解释可具化为《海德堡要理问答》中的"真信仰"[85]。这意味着，由圣灵而来的信仰外化在信仰之道中并呈现出理智的认知结构，普兰丁格将之总括为信仰的辩护、内在合理性、外在合理性和保证。尤其在作为所望之事的实底、未见之事的确据的层面，信仰支撑着宗教信念的实在性。[86]即使如纽曼（John Henry Newman）一般认为对信仰而言理性不是一种不可或缺的预备的人也承认了理性理解的重要性，"信仰本身是一种智性的品质"[87]。

82　参见 Paul Helm, *Belief Policies*, Cambridge & New York: Cambridge University Press, 2007, pp. 190-202.

83　Renford Bambrough, "Reason and Faith", in *Religion and Philosophy: Royal Institute of Philosophy Supplement: 31*, Martin Warner (ed.), 1992, pp. 23-32.

84　John Herman Randall & John Herman Randall, Jr., *Religion and the Modern World*, New York: Frederick A. Stokes Company, 1929, p. 231.

85　"真信仰不只是对上帝在《圣经》中启示的可靠知识的确信，更是一种根深蒂固的确据，是圣灵借着福音在我里面创造出来的；这纯粹是基督为我们所作的一切带来的恩典，不止别人的，就连我自己的罪，也已经蒙赦免，好让我永远与上帝和好，得到救恩。"（Lyle D. Bierma, *The Theology of the Heidelberg Catechism: A Reformation Synthesis*, Louisville, Kentucky: Westminster John Knox Press, 2013, p.41.）

86　参见 Alvin Plantinga, *Warranted Christian Belief*, New York: Oxford University Press, 2000, pp. 241-289.与普兰丁格类似，波兰尼建立了一种寄托理论以说明理性的认知结构。"寄托框架于个人的模型如下：在外部，寄托力使个人的热情与有信心的话语、认识的事实连贯；在内部，寄托力使主观的信念成为声明的命题以至所称的事实。"（参见波兰尼：《个人知识：迈向后批判哲学》，许泽民译，贵州人民出版社 2000 年版，第 465 页。）

87　参见 John Henry Newman, *Sermons, Chiefly on the Theory of Religious Belief, Preached Before the University of Oxford*, London: Rivington, 1844, p. 173.狄德罗的观点是："明知一种信仰是虚假的，还要为其献身，那多半是疯了。为一种虚假但自以为真实的信仰，抑或一种真实但并无证据的信仰献身，是狂热。真正的殉道者是为一种真实而且其真实性得到证明的信仰献身的人。"（狄德罗：《哲学思想录》，罗芃、章文译，上海译文出版社 2021 年版，第 27 页。）

这意味着，理性的功能不仅是开启信仰，更是表达、诠释信仰，它在结构功能上与后者一致。

因此，在有关神圣的问题上，信仰与理智关系的焦点实际在信仰的理解是否自足且恰当；在这之后，才关乎信仰的理解如何实现——理性的言说抑或身与心的行动。在类型上，信仰主义宣称的信仰在理解层面的优胜可分为两种：超越的或自治的，它们共同诠释信仰之理解的样态。而在根本上，信仰的自治意味着一种面向神圣的还原，这种还原将那些使人与神圣分离的要素——奥古斯丁将之定义为恶——排斥在外。由此，神圣得以在无碍中贯通于人。于是，就神圣一方而言，信仰是一种方法，通过它基督作用或行动在纯粹的宗教或灵性对象中[88]；而就人一方来说，信仰不仅是相信我们无法证明的东西，而且是个人的信任和交托（这是典型的教父观念）。[89]在这个意义上，言说的行动确实无法达致本真信仰[90]的层次，毕竟言说分有并诠释了实在，并在不纯粹的现象中结合了神圣之外的事物。所以，诚如圣十字若望（St. John of the Cross）中所说："一个人单靠自己，无法获知什么，除非经由本性的方式认识，亦即，惟有经由感官才能获知，为此这些对象必须有幻象和形象，以其本身，或以其相似之物呈现；否则，他不能本性地认知。因为，如哲学家说的，灵魂内的知识来自官能与呈现的对象。"[91]即信仰的实践超越信仰的谈论，领会所得大于言说所意愿的。信仰在本体层面的自治要求一种行为上（包括身体和灵魂）的全然奉献和交托，而理智始终自存。霍兰（Scott Holland）对此的看法是，"信仰由于其内在性，只有在信仰的行动中、在切身的体会中，才能被理解、观察。在定义上，信仰为自身确立根基，信仰就是信仰"[92]。

---

88 参见 Steven E. Ozment, *Homo Spiritualis: Comparative Study of the Anthropology of Johannes Tauler, Jean Gerson, and Martin Luther(1509-16) in the Context of Their Theological Thought*, Leiden: Brill, 1969, pp. 112-14. 亦参见 Antti Raunio, "Das Liberum Arbitrium als Gottliche Eigenschaft in Luther's *De Servo Arbitrio*", in *Widerspruch: Luthers Auseinandersetzung mit Erasmus von Rotterdam*, Kari Kopperi (ed.), Helsinki: Luther-Agricola-Gesellschaft, 1977, p. 64.

89 参见 George L. Murphy, *The Cosmos in the Light of Cross*, Harrisburg: Trinity Press International, 2003, p. 81.

90 本真信仰行动、内在信仰行动、外在信仰行动则分别是信仰在本体范畴、关系范畴、存在范畴的事件化呈现。

91 十字若望：《攀登加尔默罗山》，加尔默罗圣衣会译，星火文化 2012 年版，第 100 页。

92 Bernard M. G. Reardon (ed.), *Religious Thought in the Nineteenth Century: Illustrated From Writers of the Period*, London: Cambridge University Press, 1966, p. 343.

　　然而，信仰自治的实现是困难且不切实际的，最直白的理由是，信仰在根本上是一种事件化的关系，而关系之中的事件从来都是流变的，它弃绝一种主体的自治。所以，即使诸宗教将人与神圣的合一置于最高的灵性状态，但在日常的宗教实践中，理性仍然无法被放弃。一方面，信仰的超越论承认理智在理解神圣中的基础作用。这一做法在印度哲学中表现为，弥漫差派、胜论和正理论都把"圣言量（sabda-pramana，又译声量）"作为理智参与信仰之道的关键手段，[93]他们认为"言量是可信赖之人的言教"[94]。此外，又有言量（声量）的证言具化为理智的见证，它可分为两种：（1）可见对象的证言（drstartha），即由圣人、圣典或他人根据可见的事物所作出的言；（2）不可见物件的证言（adrstartha），这专指由吠陀天启圣典所启示的证言。在譬喻量（upamana，又译模拟）——它意指通过已知事物的相似性来把握未知之物——的作用下，一种有关神圣的理解被建立在理智之上，于是理智成为超越理解孕育的母体。

　　另一方面，信仰的超越论认同理智的独特价值，即作为多元认知方式的一种，理智毫无疑问无法被放弃。根本而言，信仰自治论区别信仰行为程度的还原标准在内容方面是欠缺的，其直接表现是：没有一种在世的信仰是完全纯粹的，即使它发生在灵性的世界。在更为具体的层面，并不存在完全一致的信仰体验，也不存在持续不断的信仰状态，此处纯粹意味着属灵而非属人。换言之，没有人可以还原一种神圣经验，也无人可以有目的地寻求同样的经验。人与神圣者的相遇是全然独有、新颖且非预测性的，即便是回忆也无法与那被还原之物一致。所以，根据信仰的纯粹性不足以宣称理性在认知神圣方面无能，因为人与神圣之间的那全然独有、新颖且非预测性的相遇完全能够以多种方式到达、以多种表现呈现出来，它与人的当前境况息息相关。约伯和摩西与上帝相遇的情况完全不同，流落街头的乞丐、隐修的修士以及教宗与上帝的相遇同样

93　"印度的 buddhi（统觉）这一概念已被译作'理智'，但不应理解成康德的 Vernunft（理性），而应理解成经院哲学的 intellectus（理智）。由于康德对现代印度哲学家的影响，理性之外的东西都被称为'信仰'或'直觉'。于是，'信仰'被理解成对于超感官的，确切说是超出尘世的事物的认识，它基于权威或其他外在资源；'直觉'在另一方面被理解成超感官的经验。"（雷蒙·潘尼卡：《印度教中未知的基督》，王志成、思竹译，四川人民出版社 2003 年版，第 136 页。）

94　伯曼、徐大建、张辑：《古印度六派哲学经典》，姚卫群编译，商务印书馆 2003 年版，第 65 页。

具有很大的差别——其间的痛苦、喜乐、焦虑、平静、怀疑、确信、擢升和离弃都相差甚远。因而，理智对神圣的通达不仅不能被弃置，它反而由于其普遍、自治和有序（如祭祀阶层），比异事、显圣更值得信赖。

当然，理智的参与并不意味着信仰全然被如此呈现。在根本上，理解信仰的言说作为"关系类比的延伸"需求一种恩典关系的面向，这一面向即超越的倾向；在本体范畴，它被称为超越性。总体而言，宗教中的"超越"有如下两种类型：内在超越和外在超越，解脱之超越（如佛教之涅槃）和内深之超越（如拥抱生命意志），前者指超越的向度，后者关涉超越中自我与他者的关系。宗教中"超越"的根本含义是：人与作为他者的自我或祂神直接相关，超越性事件则表达为神圣者对人之作为的直接参与或与人的内在相遇。所以，正如薇依（Simone Weil）所言："在世间万物中，信仰生造出诸多幻象。唯独在关乎神圣事物的情况下，并且在灵魂将欲求和关注转向神的时候，信仰方能在欲求的影响下有效创造实在的事物。创造实在的信仰（la croyance）即信念（la foi）。"[95]实在的信念结合理智及其超越，一种信仰关系而非神圣或人的自治才得以被建立。

四、信仰的隐匿与显露

如前文所述，沉默填充言说，而理解需要一种内在的超越，它们共同暗示了一个有关神圣存在的真理：神圣是隐匿的。按照埃克哈特大师的说法：任何高级的东西，任何神圣的东西，由于它是高级的和神圣的，所以它是未知的、隐藏的和隐蔽的。[96]未知和隐匿引起怀疑、痛苦和绝望，这一有关神圣的存在悖论使得人们迫切地寻求一种解释的可能，即使其结果可能让人难以接受。大屠杀之后的神学给人的最大教诲是：永远不要将全部的希望寄托在神圣（者）身上，因为作为盼望的人的言语，可能差别于神圣隐匿的真正含义。所以，在神圣的隐匿（divine hiddenness）这一问题上，不同宗教的学者或信徒的态度可能截然相反：舍伦贝格从上帝的隐匿中得出上帝不存在的推论，[97]而道教信徒

---

95 西蒙娜·薇依：《伦敦文稿》，吴雅凌译，华夏出版社有限公司 2020 年版，第 204 页。

96 参见 Meister Eckhart, *Meister Eckhart Werke I*, Niklaus Largier (ed.), Josef Quint (trans.), Frankfurt am Main: Deurscher Klassiker Verlag, 1993, pp. 607-615.

97 参见 J. L. Schellenberg, "Divine Hiddenness and Human Philosophy", in *Hidden Divinity And Religious Belief: New Perspectives*, Adam Green & Eleonore Stump (eds.), Cambridge: Cambridge University Press, 2015, pp. 13-32.

则将神仙的隐遁视为理所应当之事。[98]事实上，神圣（者）是否隐匿与其（人所认知到的）特性相关，若将上帝的全善理解为上帝始终处于与其造物相关的关系中，那么非对抗无信仰者[99]的存在确实能否证全善的上帝存在这一前提；然而，若将上帝的全善理解为上帝对其造物的存在性看护——如自然神学那般理解，那么非对抗无信仰者的存在只能说明这种神人关系在一些地方尚未被认知到。因此，如道教的仙隐一般，神圣的隐匿更多体现信仰解释的复杂性和奥秘性，它在一定程度上中和了神圣本身的威能和超越，任何企图简单、直接定义神圣的尝试都会落入这一认知困境中。神圣的隐匿本身不是一种否证而是一种无明，信仰恰恰是将某种被遮蔽的神人相关性敞开来的解释性、探索性关系。

当然，信仰作为一种解释事件并不能将神圣的隐匿完全展现，其目的在敞现认知和诠释的可能，但在与神圣终极相关的意义上，它也是奥秘性的。[100]所以，信仰同样具有隐秘的特性，在日常言说中，"信仰"一词的隐匿，正表现了人在"神圣"面前的沉默，即使这"神圣"是概念性的。事实上，作为话语的"信仰"具有符号学意义上的隐匿特征，即"信仰"的提及总是刻意的，但其意涵却未在日常话语中被普遍呈现，如同"伦理""哲学"等话语，它们的实践性总是先于其符号特征[101]；语言化了的符号，在被凝视时才展现其意义。换言之，与"信仰"的概念相比，信仰的行动具有在先性，此在先性与信仰的自我呈现在结构上同一：神圣自我呈现为恩典的信仰关系，其去规定性、流动性和开放性构成了一种神圣流溢的事件——神圣以结构性相悖的方式存在。

此外，"信仰"的隐匿还体现在信仰者的言辞表达中。"我信……"和"我的信仰是……"这两种表述构成了符号之隐匿和符号之显明之间的差异。具体

98 参见葛洪：《抱朴子内篇》，载《道藏》第 28 册，文物出版社、上海书店、天津古籍出版社 1988 年版，第 173-178 页。

99 非对抗的无信仰者指那些天然的无信仰者；对抗的无信仰者指的是那些因特定原因反对有神论的无信仰者，他们选择了弃绝和抵抗。这一对概念通常与人的伦理行为有关，它涉及无信（或异教）的行善之人能否得救、得解脱的难题。

100 事件并不是"揭示"的完全实现。"确实，对我来说，有着与他人的相遇，但这种相遇还不是一种经验，而只是一个事件，这个事件仍然是晦暗不明的，只有在实在世界内部的多种形式的后果之中才能取得其现实性。"（巴迪欧：《爱的多重奏》，邓刚译，华东师范大学出版社 2012 年版，第 54 页。）

101 如列维纳斯认为"伦理学作为第一哲学"。（参见 Levinas, *Ethique et Infini*, Paris: Librairie Arthème Fayard and Radio-France, 1982, pp. 43-45.）

言之，"我的信仰是……"是一种典型的定义式表达，其中一切符号都已被规定，"信仰"更是被预设其中。在不考虑同义反复和定义无效的情况下，信仰的现实内涵在言说之中或言说之时已被潜在规定：信仰是被言说者的信仰，是属言说者的信仰，是人之信仰，人无法藉此直接达致神圣。就此而言，"信仰"之概念反对对信从的远离，它无法实现主体行动的现实化，概念此时被抽空了。与此相对，"我信……"的宣称则传达了一种信仰作为的状态，它的中心词汇是"信"，"我信……"乃是言说者表明自身意志的呼告。在这呼告中，一种新的却带有反复性的关系被逐渐构筑，当这种构筑停止时，"信仰"的具化得以完成。这样，宗教实践中信众通常忽略"何为信仰"的状况就得到了说明：即时呈现为"我信……"的"信仰"行动化了，此时"信仰"不需要进行隐匿的反转；而当"我的信仰是……"被表述的时候，意识的妨碍（或反身）又无法直接深入理智信仰的核心。因此，"信仰"具有的符号学意义上的隐匿需要被言说，它在信众的身体话语和意识话语中都有所体现；而一旦"信仰"隐匿的反转发生，那么信仰便进入了另一种层次——神圣在无信者（及未信者）和深信者中发生的信仰之摇动（包括去信、改信和弃绝）中呈现。

是故，布尔特曼（Rudolf Karl Bultmann）在《信仰与理解》（*Glauben und Verstehen*）一书中宣称，信仰与理解有着难以分割的联系。即信仰既理解自身又理解其信念的对象，它既是有关上帝的理解又是有关存在的理解。这意味着，此信仰不是历史性的陈述，而是基督的福音——那被称为福音宣讲（kerygma）的事情。[102]布尔特曼得出的结论是，根据这一论断，那些将历史论述当作证据支撑的说法都不再可取，因为历史上的耶稣并不是基督徒，而将基督信仰规定为对作为基督的耶稣的信仰的直接后果是耶稣不是信仰的主体而是信仰的对象。所以，建立在对历史可能性的计算之上的信仰算不上真信仰，信仰最看重的是对历史中的神圣的理解性重现，而不是在细枝末节中唤起一些假想和怀疑。

然而，对历史证据的批判似乎并不是这段论述的全部内容，即使布尔特曼没有强调信仰理解自身与信仰理解其信念对象的差别，也可看到，有一种差别呈现在信仰自身的言说和被言说的信仰之中，即有关神圣（上帝）的理解是属信仰事件的，而有关存在的理解是属人的。属人意味着存在性的理解根本上有

---

102 参见 Rudolf Karl Bultmann, *Glauben und Verstehen. Gesammelte Aufsätze* I-IV, Tubingen: Mohr, 1933, p. 65.

限，此区分的意义恰是为了澄清对象化了的人神关系的神圣方面，后者始终将人引向祂神的一端。所以，信仰的言说对象——神圣本身（诸宗教中的超越者即诸神圣）——在根本上是去对象化、非人化、始终远离存在性的理解的，神圣的他性生产一种悖论的张力。

即便如此，信仰言说的对象亦有两种基本规定：可言说性和面向神圣。前者指神圣总是经由自我敞开进入与信众相遇的界域，人所见、所感、所思的实体或非实体的神圣总是诸神圣的自我呈现；后者意味着信仰有关诸神圣的言说始终由已知走向未知，且这一过程凭着诸神圣的不断自我呈现展开。因此，对象化神圣的具体呈现可能在人的理解之外，即人格神、非人格神、非人格非非人格神——分别对应基督教、道教（印度教之梵）和佛教——在本真信仰的层面都能被接受，即使这一做法容易导致去神圣的偶像崇拜的产生。[103]换言之，于诸宗教中显现的神圣并不因其呈现的不同而丧失自身的神圣性，在根本上，祂们甚至可能是一。如高希（Sishir Kumar Ghosh）所说，"如果上帝在不同的地方化身，那么犹太民族有义务去信仰耶稣基督；但我们是孟加拉人或印度人，我们必须信仰高让嘎（Gauranga）"[104]，神圣性在现象的追溯中被逆转了。此外，信仰言说对象的可说性在神圣的面向中获得了一种内在的绵延，即信仰作为理解在神圣的自我流变中不断生成自身，那未被启示的、时间化、历史化的事物—符号被不断生产出来。于是，信仰的言说生成了自身的历史，这历史因着神圣走向无限。

值得注意的是，信仰的言说所具有的意味并非仅存在于本体范畴即本真的信仰中，它同样渗透现实的人的外在信仰。典型的例子是，神职人员的祈祷[105]和讲道无法被视作同一类型的信仰事件，后者在发生层面至多被视作前者

---

103 去神圣的偶像崇拜和神圣的偶像崇拜有着明显的差别。如奥彭肖（Jeanne Openshaw）所言，"对于偶像崇拜，那些不信 svarūp 的人（本真的形式或本质、自我），崇拜的只是铜质的图像"（Jeanne Openshaw, "Love of Woman: Love of Humankind? Interconnections Between Baul Esoteric Practice and Social Radicalism", in *Colonial Bengal*, Ferdinando Sardella & Lucian Wong (eds.), London & New York: Routledge, 2019, p. 201.），但那些崇拜本真之人，是无法被归咎的。

104 Varuni Bhatia, "The Afterlife of an Avatāra in Modern Times", in *The Legacy of Vaiṣṇavism in Colonial Bengal*, Ferdinando Sardella & Lucian Wong (eds.), London & New York: Routledge, 2019, p. 28.

105 奥特（Heinrich ott）认为，"祈祷必须属于我们的信仰"。（奥特：《祈祷是独白和对话》，载刘小枫主编：《二十世纪宗教哲学文选》，杨德友等译，上海三联书店 1991 年版，第 602 页。）

的回忆性重复（让我们假设这祈祷因灵性充满而值得被忆起）。所以，在根本上，信仰的言说[106]对言说的信仰在主体层面、认知层面、时间层面的超越都藉着神圣的面向达成；对神圣的分有确实能够带来主体性、现代性、时间性（与神圣合一、灵性认知、超越死亡）的终结，而这终结却不会出现在被言说的信仰中。

概言之，信仰的言说和被言说的信仰是两个不同的概念，即信仰的言说指的是本真的信仰如何以言说这一存在样式进行，它始终处于信仰实现的过程中；而被言说的信仰则指被言说这一事实行为规定了的完成了的信仰（包括书写、咏唱、经论等），它是历史中的、实在可知的信仰的内容。因此，信仰的言说的内容是内在关系中的信仰，是能够成为言说对象的宗教神圣；而被言说的信仰则是外在关系中的信仰，是信仰在存在范畴中的具象。换言之，被言说的信仰的内容是极为具体的，它包括诸神圣亲自启示的经典、记载诸神圣显化事件的书目、宗教知识阶层（包括先知、祭司、长老、法师，等等）对宗教经典的编译、修订和解读形成的文本、平信徒的生活化的记载和反省以及未留下文字记载的口头辩论、日常崇拜和沉思默想等。在根本上，信仰的言说是言说信仰的动力，因而也是被言说的信仰的根基。

第三节　言说宗教信仰的本质及形式

一、言说宗教信仰的整体解释

人的信仰若确然与诸神圣相关，那么此行动的内涵在根本上是人与神圣他者（祂神）的相遇。[107]且根据史密斯的说法，"信仰是得见神圣的能力"[108]，这能力必然要求一种出自于人的结构功能。所以，信仰由人之中最具超越特性

---

106 当然，诸神圣所言说的并非都是真理，其中有一些话语没有真值、称不上判断，也就并非诫命或教导，可能只是语气词或闲谈。信仰的言说也是活生生的、生活化的。

107 "在被言语事件（Wort-Ereignis, Word-Event）所主宰的神学思想的范围内，艾柏林阐明了他的观点：救恩事件是典型的言语事件。在这方面，良知成了值得关注的神学主题，因为良知本身就是依据呼召结构而产生的言语事件。"（利科：《爱与公正》，韩梅译，华东师范大学出版社 2016 年版，第 93 页。）巴特当然承认这一点，上帝之道以言成事。但更严谨、温和的观点是：信仰是发生在呼召—回应结构空间中的一次对话。

108 Wilfred Cantwell Smith, *The Faith of Other Men*, New York: Harper and Row, 1963, p. 46.

的部分造就：思想与领会[109]共同生产一种内深的意义转化，此转化最终成为一种灵性的交通。事实上，形形色色的灵知主义视灵魂胜过肉体、心灵胜过躯体，都在表明灵魂或心灵在灵性接受上的优先，而灵性意味着感觉的感觉、思想的思想——它在根本上是对游离的神圣的占据。因此，思想及领会在内在世界的实在化及其外在的符号化都经由言的中介复归到本真的信仰关系中，它在广义上意味一切理解性的解释。

具言之，"信仰在根本上是一种存在的模式，而信念是对这种存在模式的重要支持"[110]。在理解方面，信念的理性能够扩展整全的信仰的内涵，在切实的经验、态度之外，更多的有关上帝、神圣、神性、自然和宇宙事件的知识及合理假设构成一种同样实在的过程神学的描述。神圣在信仰的自我普遍化中显现自身，它成就了历史叙述——耶稣基督的道成肉身——之外的宇宙事件的神圣性。[111]而在领会方面，被言说的信仰作为解释的现象以及"是……经验"（experience-as），在认识论层面是得到辩护的。经验现象总是一种解释，而有关宗教现象的经验同样如此：诸神圣有形无形的显化、超越一般规则的历史事件、神圣文本传达的教导，信仰在对宗教现象的经验的解释中建构起有关神圣的符号—意义体系。此外，神秘经验因着直觉和超感总与领会相关，它构成了一般知觉的另一端。神秘经验被理解为去中心的、解构的，自我认知的同一性如此运作——"我"消失了；时间和空间不再存在或可修正，"是"消失了。[112]在混沌或明晰的统一中，知识和感受、内在和外在、有限和无限、恐惧和安稳融为一体，信仰的边界由此向神圣敞开。

然而，这种敞开毕竟是危险的。因为对信仰的言说既不能保证自身语义、语用的完全有效，也不能确保其与言说对象的一致，所以它自然面临诸多责难。在这些责难中最为引人注目的是"言说顺服于服从"，此观点宣称，上帝（神圣）恩典上帝之道，圣灵传递上帝之道，人顺从上帝之道，因此通过言说信仰（作为一种现实而具体的行为）认知上帝多余的，上帝之道的全然合理决定了顺从行为的合理性，而这合理性显然确保了被言说的信仰与其对象的一

---

109 领会意指内在知觉的综合。

110 John B. Cobb, Jr. & David Ray Griffen, *Process Theology: An Introductory Exposition*, Louisville & London: The Westminster Press, 1976, p. 31.

111 参见 John B. Cobb, Jr. & David Ray Griffen, *Process Theology: An Introductory Exposition*, Louisville & London: The Westminster Press, 1976, pp. 37-41.

112 参见 Chetan Bhatt, *Liberation and Purity: Race, New Religious Movements and the Ethics of Postmodernity*, London: Routledge, 1997, xiii,

致。但此观点的疏忽之处在于：言说信仰在根本上与信仰关系的具化及其接受相关，在没有违背之意愿的情况下，对信仰的言说在根本上就是对上帝之道的顺从，一如使徒和教会所作的宣讲，区别只在言说的内容、形式及主体。换言之，据此得来的差别只能实现一种目的论的区分，即真实的顺从和虚假的顺从，它们辨明主体的接受意愿和程度。如《薄伽梵歌》所言："谁要是归依于我，我就会把他接受。帕尔特！在各个方面，他们都会沿着我的道走。"[113] 人对神圣者的言说与对其的顺从并不相悖。

此外，由此责难得来的言说信仰导致分歧的观点也有待商榷，毕竟倾听、言说、行动作为三种信仰表达的方式，它们形式上的差异与其内容上的合理并不必然相关。换言之，不言说、只倾听并行动的人依然可能违背上帝之道，因为行动的前提不是言说而是思想—领会；作为理解的实现，沉默、言说和倾听、行动在目的上一致，它们并不排斥。质言之，言说的根基是理解，而理解作为倾听、言说和行动的开端和中介，决定着其具化实现的内容和形式。因此，无论言说作为理解演变的描述、宣称还是经验、理智的解释，它都只能作为思想的表达被理解。在终极意义上，言说信仰导致的分歧源自信仰事件的在世化，因而取消对信仰的言说在现象层面是无用的；恰恰相反，正是这种分歧将信仰的解释本质及神圣的奥秘性、复杂性澄明，人言说信仰时意见的多样和差别反而见证了神圣本身。

事实上，理性的重要职能之一是简化人的论述。比如在犹太教中，摩西曾接受 613 条训诫，其中 365 条消极的训诫相对于每年 365 天，248 条积极的训诫相对于人体的所有器官。大卫后来把它们减少到 11 条（《圣经》的《诗篇》上有记载）。以赛亚接着又把它们减少到 6 条。根据《圣经》上记载，这 6 条是（1）正直地行事；（2）说正直的话；（3）摒弃不义之利；（4）拒收贿赂；（5）闭耳不听丑闻；（6）闭目不见邪恶。（《以赛亚 233：15》）。米卡又把它们减少到 3 条，《圣经》上记载：上帝让你们做到：（1）做正直的事；（2）热爱善行；（3）谦恭地和上帝同行。（《弥迦书》6：8）以赛亚接着又把它们减少到 2 条，《圣经》上记载：上帝说：顺应正直的一切、做正直的事（《以赛亚》56：1）。最后，由哈巴谷把它们减少到一条，《圣经》上记载："正直的人因其信仰而活着。"[114] 此时，简单性即神圣性。

---

113 《薄伽梵歌》，张保胜译，中国社会科学出版社 1989 年版，第 54 页。

114 参见《塔木德》，塞妮亚编译，内蒙古人民出版社 2003 年版，第 62-63 页。

所以，在根本上，言说信仰是一种存在的无奈，与神圣联结的本真信仰轻易地让人沉沦在语言之中。如《羯陀奥义书》所载："非是由心思，而或臻至'彼'，亦非以语言，更非眼可视。除非说'彼是'，此外复何拟？"[115]作为人的基本存在样态，语言始终在克服自身。这样，言说信仰在根本上就是人面向神圣的努力，它旨在一种接受的整全和无误，而非断言某种切确的、永恒的真理。如薇依所言："有一种真实在此世之外，也就是说，在时空之外，在人的精神世界之外，在属人的功能可能企及的任何领域之外。尽管属人的功能没有可能触及另一种真实，但人类具有把关注和爱转向另一种真实的能力。关注一旦真正转向此世之外，就只与人类天性的基本结构真正保持联系。唯有这样的关注具备始终同一的功能，也就是把光照投向任何一个人。"[116]如此一来，神圣对人的看护才是基础的，它深藏在人的道德本性中。

二、称呼"信仰"

言说的存在表达是音响形象，因此称呼成为言说的重要形式。称，符合也；呼，外息触于物。通过一种面对面的宣称与呼喊，对象被恰如其分地纳入言说事件中。[117]由此，一个语言学或符号学的难题被揭示出来：鉴于信仰是事件而非对象，人以何种符号或概念实现音响形象的生产而非描述；换言之，符号的能指、所指及对应的事项如何一致地重现并延续正在生成的信仰关系。

在语言学层面，此难题通过称呼功能在结构层面的反向扩展来解决。根据语言学理论，称呼的基本功能是指称对象，而指称作为意义链的联结，暗含一种关系的确定，所以从语用学的角度，称呼通常被包含在其他更为复杂的形式中。这意味着，当人们称呼某事物时，此称呼既可以只具备指称的功能，为其命名，使其概念化；也可以在指称的基础上附加其他功能因素，如表达期盼、赞美和渴求等。[118]事实上，日常生活中的称呼很少在只具备指称功能的情况下被使用，它通常带有一定的规范意义或至少表达某些特定的情感。典型的例子是，当我们听到敲门声并向某人说（或示意）"门"时，"门"的称呼不仅指称

---

115 《五十奥义书》，徐梵澄译，中国社会科学出版社 1995 年版，第 367 页。

116 西蒙娜·薇依：《伦敦文稿》，吴雅凌译，华夏出版社有限公司 2020 年版，第 62-64 页。

117 这种适当关系类似故事与插图、乐谱与词章。

118 现代逻辑学不再拘泥于形式逻辑，从中可发展出模态逻辑、价值逻辑甚至是情感逻辑。参见卡尔纳普：《世界的逻辑构造》，陈启伟译，上海译文出版社 2008 年版。

那扇被敲响的实在的由某种材料制成的门，而且预示着某种物理动作或生活事件即将发生——希望或要求某人去开门。所以，"门"这一称呼实际上被情境化了，它被融入到事件之中，说话者所处的具体情境决定了这称呼的语气、语调甚至基本符号（比如将门称作"破东西"或"烦人的玩意"），称呼的引申意义由此得来。但无论这句话是疲惫的妻子在劳累了一天之后对懒散的丈夫表达的略带不满的请求，还是焦急不安的经理在终于等到客户时对助理下达的欣喜中带有一丝忧虑的命令，它都实现了指称之外的功能——"门"此时成为了事件。称呼不再单纯地连结能指与所指，它将自身融入到音响形象之中。

　　同样，在宗教实践中，称呼只在极为罕见的情况下才单独发挥指称的功能（如辩论、修缮典籍）；大多数情况是：信众将自身的情感融入其中，以表达某种特定的态度和意愿——不直接称呼神圣之名意味着谦卑，反复的赞颂则象征着深化的虔敬，甚至呼喊圣名本身就是一种仪式[119]，它带来奇异的治愈力量[120]，救人于疾病、苦难与罪恶。这样，不同类型的称呼如呼告、赞颂、吟唱、悲鸣等，根据能指的不同形式被划分，它们在指称事物的同时，将音响形象的内部特征带入信仰事件的具现。

　　需注意的是，由于称呼的意义来自其处境，所以其现实的含义可能是相反的，即称呼某事物能够传达一种否定和厌弃，从而做到根本上的意义反转。因此，称呼必须与音响形象在形式和内容上保持不背离。[121]换言之，称呼"信仰"的表达必须以神圣在音响形象层面上的持存为界限，这意味着能指的内容——语音、语调、节奏、语气[122]——不能减损信仰的神圣性。因而以污秽之物取代对象化了的神圣（者）并将信仰事件描述如某种生理活动——如排泄、性交等——是不可取的，它们并没有产生一种本质的关联；而一种外在的事实描述也不足以完成这种被限定的有关信仰事件的指称，称呼作为内在事件反

---

119 比如阿拉姆语קדיש(Kaddish, Qaddish, Qadish)的意思是神圣，在犹太教仪式中，它表明上帝之名的尊大和圣化。קדיש通常与死亡仪式相关，念诵此名的含义是：在死亡面前坚信上帝的审判。对上帝的信，因其神圣，越过死亡。

120 信仰治疗中通常将此作为必要的动作或仪式。

121 有关亚伯拉罕宗教中独一真神的多种名号，参见 Máire Byrne, *The Names of God in Judaism, Christianity, and Islam: A Basis for Interfaith Dialogue*, New York: Continuum, 2011.这种称名是必须的，因为匿名与尊重相互排斥，而信赖可以理解为一种对名字的相信。（参见韩炳哲：《在群中：数字媒体时代的大众心理学》，程巍译，中信出版社2019年版，第5页。）

122 按照语言学的定义，能指意指音响形象，包括称呼时所用的语音、语调、语气、节奏等。

对事实描述对这种规定的竭力排斥。有趣的是，根据这个前提，怀疑在对话层面反而可以被接受，因为此时信仰对怀疑的包含是关系性而非逻辑性的——怀疑并不在内涵和外延上消解信仰的内容和结构。如佩内鲁姆所言："信仰的规范排斥怀疑，但信仰的状态并不排斥，至多勇气的状态排斥一切恐惧。"[123]在爱智的层面，信仰内含怀疑的要素；而在称呼的层面，信仰包含怀疑的形式。

至于那些宣称以圣言（超越人之言语范畴的语言）或方言（异地的语言）[124]来称呼"信仰"的观点也应当被放弃，因为圣言总是个体性、奥秘性的，它无法作为普遍的、理性的言说形式被接受——即使在全部宗教的历史中，那些能够与诸神圣直接对话的人也极为稀少。方言同样因其难以理解、无法普及、缺失必要性而无效：说方言者甚至无法理解自己的话语，这种不可理解性直接导致方言普适性的消失；而即使在最理想的情况下，方言得到了普遍的理解，它也是无必要的——没有任何理由认为方言在承载信仰方面胜过本民族的语言，对天启宗教而言尤其如此。此外，圣言和方言的他性之显现从不以替代一般称呼的效用为目的，在根本上它们是恩典及其显化，由诸神圣发起，神迹在这个意义上意味着诸神圣的直接临在——与此相对，对诸神圣及其关系及信仰的称呼代表了普遍临在。所以，一般性地称呼"信仰"胜过以还原方式回忆圣言和方言等神秘体验的尝试，在声音的逝去、场景的流转以及复制的无能中，说圣言或方言这种历史基要主义或字面解经派的宣称被否决了。

这样，称呼"信仰"在其基本结构的转化中成为言说信仰本身。

三、书写"信仰"

书写是与称呼并置的理解事件，在有关"信仰"的道说中，它构成另一种言说存在化的范型。书，论述也；写，置物。将音响形象置于文本及其承载物之上并述其所是，是书写的本有之义。因此，书写不只是一种言说，它同时是称呼的称呼，那指向自身的音响形象在不断的符号象征中将瞬时的理解固化为思想的印痕。在终极层面，书写生成的历史、文本及其承载物真正构筑起符号意义系统，在这个意义上，信仰奠定了宗教的基础。

根据克里斯蒂娃（Julia Kristeva）的定义，"（大写的）文本是一种超语言学的装置，它重新分配语言的范畴，把本来用于直接传递信息的话语同以往或现

---

123 T. Penelhum, "Sceptics, Believers, and Historical Mistakes", in *Synthese*, vol. 67, 1986, pp. 131-146.
124 这两种形式的神圣话语都被视作神迹。

代的其他言辞联系起来，重新分类整体的语言"[125]。此种文本具有的超语言的特质让书写在字面意义上实现范畴的跨越，即书写作为文本及其承载物的生成，直接生产出称呼及音响形象的载体，踪迹的现实化在存在领域完成。换言之，书写事件不仅在意义层面发生，它同时具有文字符号、器物、书写者的中介。

具言之，与称呼一样，书写首先在功能的反向扩展中成为一种意义再次生成的事件：通过内省的反向，言说将自身深刻化在存在的持续中，因此书写本有的对象化结构在始终处于未完成状态的自为活动中向主体敞开。然而，与称呼不同，书写不仅具有符号的指称功能，而且承担着记载、整合并传扬符号意涵的责任，这意味着书写"信仰"不仅发挥联结与神圣相关的能指、所指和实有物的作用，而且在意义规范层面履行记录、编纂、修订、保存圣言之职能。其结果是，在关系范畴，书写"信仰"要求一种不同层次的实在之间的相互对应，且这种对应关系是持存的；而在存在范畴，这种文字、符号、意义的对应持存自然生成多重意义上的历史。基于此，宗教实践中"信仰"的称呼和书写分别形成了两种宣扬神圣的传统：口头传统和文字传统，前者因其激起特征（激发和起始）和对身体理解的关注成为与神圣相遇的重要方式，后者则通过（语言的）私人事件的公众化、流逝事件的迟滞化成为最可靠的见证。在起始性和继存性、私人性和公众性、共时性和历时性的交错中，称呼寻求的与神圣的当面遇见以及书写寻求的对神圣的永久见证融合在一起——称呼作为描述和发现，书写作为重复和深化，共同将信仰的理解呈现在言之中。由此，在书写呈现之地，那种深藏在称呼内部的解释的要素被唤起。

根据巴特（Roland Barthes）的说法，文本是一个劳动场所，书写"信仰"这一事件在其中发生；而按照解释学循环[126]原则，书写作为一种生产方式，其产品的价值要在内部、外部都得到承认。所以，于"信仰"的文本而言，一种自洽的解释循环要在"信仰"概念与文本整体中发生；与此同时，这种自洽的解释要在作品与其所属的种类与类型之间达成循环，在作品本身与书写者的心理状态之间，在阅读者、解释者和书写"信仰"的作品之间达成循环；最后，"信仰"的文本也要求书写"信仰"这一事件在信仰行动之中[127]（包括本真信

---

125 Julia Kristeva, *Σημεωτιχη: Recherche Pour une Sémanalyse*, Paris: le Seuil, 1969, p. 113.

126 参见狄尔泰：《历史理性批判手稿》，陈锋译，上海译文出版社 2012 年版，第 42-43 页。

127 事件化的信仰在被认知的意义上总是生成着、行动着的，所以它是信仰行动。

仰行动、内在信仰行动、外在信仰行动）实现内部的解释循环，此循环将"信仰"的称呼、书写、定义结合在一起。概言之，在不断的言说与理解中，信仰的文本生产出那更加趋近神圣的东西。

当然，文本及其承载物不止在意义层面有所表达；更为具体地，文本及其承载物拥有属于自己的文字符号、器物和书写者。一方面，书写"信仰"的文字符号是多样的，这些文字大致可以分为两种类型：启示的和通用的。前者包含那些载于圣物之上、用于记载圣典、圣训、举行特殊宗教仪式时所用的特定文字；后者指称那些用于日常民众生活和宗教实践的一般符号。持有基要主义或神秘主义观点的人尤其强调启示文字内在的神圣性，根据他们的说法，唯独那启示的文字最能实现神圣的领会、保有神圣的内涵，因而最初的天启文字最值得尊敬。但事实上，所谓的天启文字几乎都是民族性的，较之以拣选，此神圣性在普遍历史的意义上可能更容易接受：释迦选择以方言传教，摩尼以本土文字符号传扬教义的目的都在突出文本的意义而非符号，它瓦解了那种虚幻的被拣选的优越感受。

另一方面，承载文本的器物同样对"信仰"的书写有所影响。其典型表现是，即使最不在意所用文字符号的宗教（如基督教和佛教），也将起初记载圣道的器物视作圣物——如摩西在西奈山上得到的刻有圣训的石板以及佛陀弟子记载其所讲之法之经书，彼时，作为一种神圣的承载物，器物本身被神圣浸染了。事实上，这种对圣物的强调并非来自对器物自身物质性的看重，即使这物质性能够被神圣性改变；与之相反，是器物以物质的方式长久存在这一事实让人着迷——此即历史性本身。所以，长久以来人们追寻原始文本的热情从未褪去过，盖因原始文本中蕴含了再诠释和历史修正的可能。这样，书写"信仰"的物质媒介的形式——石板、龟甲、竹简、莎草纸、牛皮纸、现代纸张、电子文本等——不再重要，反而是其文本的抽象形式——如主题、类型——起着关键作用。在意义解释的优胜中，符号崇拜、器物崇拜的合法性被取消。

此外，书写"信仰"这一事件与书写者密不可分，因为在根本上，书写是个人性的。[128]宗教组织要求信众听从宗教领袖（权能领袖和知识领袖）的教导正是基于此，毕竟宗教领袖（如先知、祭司）的职责之一便是维系那延

---

128 按照罗兰·巴特的说法，"个人性同时意味着不可还原"。（参见 Roland Barthes, *The Semiotic Challenge*, Richard Howard (trans.), New York: Hill & Wang, 1988, p. 262.）

传至今的个人领会的正统性——人与神圣的相遇在个体之中最初发生，这书写正是他人的见证。所以，沿着先圣的道路书写"信仰"是可靠、必要的，且这一传统并不阻碍后人做出自己的评价和解读——只要对"信仰"的重新书写有合理的根据，书写事件的个人性在其中呈现。并且，书写事件的个人性衍生出其多样性，不同的领受和解释传扬那根本为一的圣道，在不同的历史境况中，时代性的领会和解释被重新书写。[129]由此，书写者作为中介参与到言说信仰的事件中，在以不同方式书写"信仰"的同时，书写者成为信仰的文本。

最终，书写"信仰"与神圣相关。作为一种能指实践（即文本）的生产者，它直接凭借其事件—生产特性让生产者（在根本上是神圣）与读者相遇。文本将文字符号、器物、书写者不断纳入神圣流溢的意义体系中，一种多义的空间由此形成，在神圣文本化的现象和生成中（现象文本 phéno-texte 和生成文本 géno-texte），[130]神圣被言说了。

四、定义"信仰"

现代定义指的是这么一种思维行动：对某事物（事件）的本质特征或某概念的内涵和外延进行确切而简要的说明；或是透过列出此事物的基本属性来描述或规范对应词语或概念的意义。在词源上，definition 源自拉丁语 de-finitio，由前缀 de-和词根 finitio（death、end、border）组成，本意是划定边界或范围，在认知层面则指称一种对象与其描述之间的自洽。在根本上，定义是关系性的，它通过一种所有权（而非所有物）的分配使范畴合法化，并在对公义和自由的双重预设中，寻求与他者的共存。就此而言，定义必然要出自理智，作为一种理性的概念规范言说，它是深思熟虑的。

在逻辑学中，人们对定义的一般看法是：作为有意味的判断，定义是对真值进行断言这一行为本身，并且真值只以随附者或被隐喻者的身份出现。即作为一种对等性描述，定义使被定义者与定义条件实质相同，因此它永远为真，其运作模式是使"A1=A2"。A1、A2 共同指向同一个概念对应物 A，其中 A1 是概念词，A2 是关系性的描述，A1 可被替换为与 A1 相关的关系项或表达式，

---

129 这里以"日光之下无新事"作为否定的理由是不恰当的，因为世间确有诸多新事，比如奥古斯丁肯定无法预料到人造卫星和宇宙飞船。

130 也译作"已然存在之文"和"生成之文"。参见罗兰·巴特：《文之悦》，屠友祥译，上海人民出版社 2016 年本版，第 81 页。

即 A2；当 A2 确实准确地描述 A1 的时候，[131]此定义就是真的，其意味是概念对应物 A 与当前的言说共有跨范畴的一致性，言说成功在符号层面构建起了一种指称—意义体系。基于此，定义的最低标准是不存在指称上的歧义——即指向另一个概念，最高标准则是不存在意义上的分歧——即每个描述用词的含义和整体句意都不会产生多于字面含义的理解。这样，理智限定了定义事件的内容和形式。

然而，即使由理智作出的最为缜密、严格的定义也无法做到功能上的绝对一致。其根源在，一方面一些事物本身就具有去对象化的特质（如神圣、存在、虚无、悖论）；另一方面，诸如事件、伦理等生成性的关系事件本身拒绝一种纯粹对象化的言说。[132]定义之中的歪曲和嬗变在这个意义上可以被接受，它们是生活世界诸事件[133]在言说领域的类比。此外，单独的定义事件是无法还原的，它具有文本的特征；但对某事物的定义是可重复、可修正的，因为根本上这定义要与其指涉物一致。因此，无论定义"信仰"的动力从何种理解而来，无论此行动在何种知识背景之下——神学、哲学、社会学、人类学、心理学、历史学等，定义"信仰"的关键都是面向神圣。换言之，不管是出自虔诚、敬畏还是怀疑、质询，定义"信仰"都因其结果功能被纳入到言说神圣的关系事件中，唯独冷漠和无知由于结构转化上的不相干被排斥在外。

需注意的是，与信仰不同，神圣决不可再分。但对于这种简单的、不可定义的属性，人们仍旧有话可说。罗斯（David Ross）的说法是："简单性所排除的只是定义。它并不排斥如下这一点：关于这些属性，有很多增长见识的、非定义性的事情可以说。"[134]所以，一种有关神圣的认知在诠释层面达成，而诠释并不谋求那种无可置疑的根本性定义，它使概念在言语中生长。

---

131 定义要求的准确程度要比一般命题高得多，例如"杯子是一种专门盛水的器皿"是一个定义，而"杯子是器皿"就是一个简单的命题。

132 中文的"事物"和英文中的 things 都可以做出更具体的即事（象）和物（象）的区分，前者指称事件，后者指称物品。

133 生活世界的事件之发生遵循自由、多元的原则，因此嬗变、流溢、逃逸、幻象、映射在存在意义上都是合理的。而结合、统一、同一、分裂、对抗等关系事件的发生在存在意义上也都是可行的，它们本质上无价值。但是，价值并不是可有可无的，它是此在（广义上为生命）的存在基础，正如规范是一切实有的持存基础一样。

134 罗斯：《正当与善》，斯特拉顿-莱克编，林南译，上海人民出版社 2016 年版，第 20 页。

这样，定义"信仰"作为一种言说信仰的具体形式就涉及到本真的信仰；本真的信仰在本体范畴不断流转，此事件则因其现象性本质始终处于未决的状态。这意味着，任何有关信仰的本体的决断（ontological determination）都是不可靠的，它无法取得与本真信仰（即信仰本体）的长久一致。即使在显明事物规范条件、澄其荫蔽的意义上，本体论的决断都是僭越因而是多余的，它对现象的呈现至多只是解释性的。换言之，定义"信仰"的本体论描述可以存在，但相关的决断绝非必要，作为历史乐观主义的源头，其危害远大于助益。同样，真理的决断（decision of truth）与神圣的决断（decision of the divine）也应当被放弃，毕竟断言不可知为可知事实上是在以愚见取代真理。就此而言，贫乏性（triviality）作为认知特性也足以抗拒信念的公理化：命题 A 只要并非对所有人都具有认知价值（认知价值源于信息内容的差别性），那就可以说它"贫乏地为真"[135]，这种贫乏性使得真理之决断在拒绝解释中变得毫无意义。是故，人们应当接受的是宽容（charity）原则：赋予他人以尽可能多的与我们的信念相协调的信念，并且每套信念归赋都要与证据吻合。人类探索的全部历史大概肯定了这一点："最后的宗教真理和哲学真理的常规能力（potentia ordinata），或者神的绝对能力（potentia absoluta），假如有谁揭露并宣布了它，也从不可能赢得人心。"[136]定义"信仰"绝非真理性的，它只在神圣的面向中谨守自身的边界。

概言之，定义"信仰"将对"信仰"的称呼和书写抽象化了，它在抽象的言说中扩展出更广阔的外延。

第四节 宗教哲学的诞生

一、宗教信仰作为交织的圣言

语言和言语，构成信仰行动和宗教实践的存在样态；人言与圣言的相遇，是宗教符号神圣化的内在规定和现象基础。因此，有关神圣的信仰之言（言说、书写和思维等）始终无法在存在论层面进行现象性、符号性的自我规定，这意

---

135 参见达米特：《弗雷格：语言哲学》，黄敏译，商务印书馆 2019 年版，第 420-421 页。

136 列夫·舍斯托夫：《在约伯的天平上》（《舍斯托夫文集》第 8 卷），董友等译，商务印书馆 2019 年版，第 204-203 页。

味着，宗教中的言论必然在某些方面（目的、内涵、价值指向、组织形式等）区别于日常的言语。其中，言语凭借言说，表达人面对祂神的在场的身体情态；而语言藉着符号关系，铭刻祂神在场之印痕。于人而言，若无语言和言语，信众无法聆听诸神圣（或那一位）的圣言和消息；于物而言，若无语言和言语，其自性不仅被遮蔽，甚至被永藏于虚无深渊。因此，当人向赫尔墨斯祷告时，语言和言语的神圣性彰显了出来。"你是飞鞋的信使，凡人们的朋友和先知，……有神妙无比的言语武器"，祷词话语指向的是其传达的神圣的语言或消息；"请听我的祈祷，为着我的劳作生命，赐我幸福终局、言语之恩和记忆吧"[137]，人所呼求的乃是神圣言语的回应。这样，语言和言语的核心都是神圣性，语言和言语的交互关系共同构成人分享神圣的符号可能。进一步符号化、系统化的"神圣"语言通过解释学的方式辨明自身，于是赫尔墨斯言语的千般颜色在神圣的光照中走向清明。

按照传统的说法，宗教语言和言语与神圣根本相关。在一神论宗教中，其典型表述是：圣典（如《塔纳赫》《圣经》《古兰经》）是天启的，它来自超越的那一位。此处，天启又有两种表现形式：其一，完全的天启，即圣典直接由神圣者教授（《古兰经》在天使的帮助下，直接由真主恩赐）；其二，中介的天启，即圣典由受到启示的人编写（如基督宗教的众先知），在这过程中，圣灵降临。两种形式的天启都把圣典的神圣性归于神圣者的直接教导，此即传统意义上圣典的被启示性和独一性——圣典由神圣者直接书写，其神圣性不容置疑。结果是，大公教会始终坚持圣经的权威，将之视为神圣的语言符号，并把研读圣经作为与圣神交通的言语事件。基督新教（尤其是归正宗）在这一点上有所承袭，它们在不承认圣徒传统的情况下，形成了其独特的主要教义：唯独圣经。圣典作为符号化的神圣印记中的一种，其重要性在基督新教中不断被强调，语言符号承载的神圣性因此几乎成为一切神圣性的基础。

然而，在宗教中，神圣流溢的符号现象并不仅表达为被书写的圣典，神圣的语言和思想都先于书写而在。摩西、亚伯拉罕与上帝的对话是符号化的交通，西奈山上的律法同样经由思想成立；此外，信心起始以本真颤动之感受[138]

---

137 参见吴雅凌编译：《俄耳甫斯教祷歌》，华夏出版社 2006 年版，第 56-58 页。

138 颤动具有唤醒的功能。按照海德格尔的说法，唤醒一种情绪说的是，让其变得清醒，让其直接作为那样的情绪而存在。（参见海德格尔：《形而上学的基本概念：世界—有限性—孤独性》，赵卫国译，商务印书馆 2017 年版，第 93 页。）

呈现，它在人心刻下的感觉印记亦是符号性的。这样，圣典作为神圣符号，其神圣性具有的不是本质上或接受上的优先，其益处在流传的持久和广泛。所以，宗教语言和言语可以与神圣根本相关，但此相关不表达为认知或圣典的唯一性。[139]神圣性的符号化藉着语言和言语的形式表达自身，语言和言语因此具有一定的超越特征；而在非神圣的境况中，语言和言语属于一般存在。[140]

于是，宗教语言（和言语）便可以分为纯然圣言、（以人之口／舌לשׁוֹן为媒介的）交织的圣言、纯然人言三种，三种语言以"处境"规定自己的本性。其中，纯然圣言由神圣者直接发出，此言的内容完全由诸神圣确定。因而纯然圣言是自足的，在接受方面，它呈现一种超越的性质——未知和神秘是其两种外在表征；与之相对，纯然人言以存在者的方式表达自身，即任何仅属人的言语，都只以自身为目的。所以，在纯然人言中，他者的在场往往被对象化的表述替代，纯然人言试图规定其他所有存在者的存在特征。同时，在纯然人言中，神圣只是一种符号，符号之外的陌生和隐秘都被空无一物的"价值"吞没。纯然人言的沉默，在此处区别于面对神圣的沉默：前者出于一种无聊和轻蔑，后者与人的有限性相关。因此，在纯然圣言的自足和纯然人言的自满之间，交织的圣言以关系范畴的承载连通本体范畴与存在范畴的共在。此时，符号化的神圣性，造就圣言流溢的图景。在此图景中，启示作为诸宗教共同承认（神仙传授、悟道所得亦算是天启）的神意传达方式，将神圣性蕴含在人之语言中；于是，直接或间接呈现在众人面前或个人心中的神言才不再是全然惊异的。

与此同时，深刻的神圣领会和体验、被书写的圣典、奇异的语言和真假莫测的预言等也都构成着神圣符号的体系，[141]它们共同指向并表征着现象化了

---

139 "具象本身并不教导人们应该去敬慕上帝和尊崇圣徒，它的心理学功能仅限于创造一种深刻的关于本质的信念和生动的崇敬之情。因此，没完没了地警告那些歧视这种崇敬之情的人，以及通过对那些具象的象征意义的精确解释以保卫教理的纯粹性便自然成了教会的任务和使命。没有其他领域比这种由生动的想象力所导致的宗教思想的繁盛所产生的危险更明显了。"（约翰·赫伊津哈：《中世纪的衰落》，刘军等译，北京大学出版社2014年版，第142页。）

140 语言本身是一种奥秘，它也许直接与神圣相关。例如某些部落、民族和国家秉持这种观念，认为自己使用的语言是优等而独特的天启语言。语言的这种神圣感，在最初的符号系统中极为明显，因而可以算作神圣性的自然化呈现，但这些并不足以取消语言的存在特性。

141 预言的能力并不是上帝随意赋予几个人的某种本领，而是杰出的智力和心灵修养到了出神入化的程度。这一后世的犹太哲学家们颇为欣赏的理论，在《塔木德》中已露端倪。它甚至已经详细地列出了最终要具备预言的禀赋所应经历的阶段：

的神圣。所以，无论作为纯然人言的基础还是作为纯然圣言实在化、符号化的基础，人的理智都是"神圣"语言（和言语）辨明自身的根本。在这个意义上，圣经评鉴学是以神圣性为基础的评鉴学：它驱除的是对圣经天启权威的迷信，留下的则是圣典之言中的神圣性。这样，圣经评鉴学的目的便不是纠错，而是在澄清圣经文本错误的基础上，恢复或保有最纯粹、最值得遵从的交织的圣言。

事实上，斯宾诺莎将自然秩序、理智和自由作为圣经评鉴的方法论基础，其目的正是在历史的处境中，重新发现圣典中的神圣。按照斯宾诺莎的观点，诡秘的预言、繁琐的仪式和永无止息的神学论争，绝不能凭借对神圣文本的肆意、无知的解读，占据神圣符号的核心。所以他说："若一件东西原为的是提倡虔敬，这件东西就被称为是神圣的。并且只要是为宗教所用，就继续称为是神圣的。若是用的人不虔敬了，这东西就不称为是神圣的了。若是这件东西沦为卑贱的用途，从前称为神圣的就变为不洁与渎神的。"[142]神圣作为虔敬的态度、感觉和行为，在此处严格区分于真理。与此同时，斯宾诺莎还宣称，"信仰在于对上帝的了解，无此了解则对上帝的顺从是不可能的。顺从上帝这一件事就暗指了解上帝"[143]。在社会生活层面，这了解正是私人生活和公共生活中的仁爱和正义。[144]"法律既是人为某种目的为自己或别人定下的一种生活方案，就似乎可以分为人的法律与神的法律。所谓人的法律我是指生活上的一种方策，使生命与国家皆得安全。所谓神的法律，其唯一的目的是最高的善，换言之，真知上帝和爱上帝。"[145]由此，人藉着交织的圣言行事，非但没有导致神圣性的失落，反而造就了上帝之城在地上的公义和良善。[146]而这种在历史的开放中被解释的神圣，真正赋予了符号意义。

二、侧重理性的宗教哲学

在《宗教哲学》（*The Philosophy of Religion*）一书中，赫德森（Yeager Hudson）

"热情通向干净，干净通向圣洁，圣洁通向自律，自律通向神圣，神圣通向谦恭，谦恭通向避恶，避恶通向崇高，崇高通向圣灵（Sot. 9: 15）。"（参见亚伯拉罕·柯恩：《大众塔木德》，盖逊译，山东大学出版社2004年版，第137页。）

142 斯宾诺莎：《神学政治论》，温锡增译，商务印书馆1963年版，第179页。

143 参见斯宾诺莎：《神学政治论》，温锡增译，商务印书馆1963年版，第196页。

144 可以看作是罗尔斯（John Rawls）的理念来源之一。

145 斯宾诺莎：《神学政治论》，温锡增译，商务印书馆1963年版，第67页。

146 "彼岸世界总是美好的"，其根源就在此。

为人们提供了一个有关宗教哲学的定义：宗教哲学是研究宗教教义和宗教行为的非教条化研究。[147]这一定义直接区别了宗教哲学和神学的研究立场，后者的知识化是主体性的，前者则将这种理智的综合置于诸主体之间。如赫德森所言："有的时候，'宗教哲学'和'神学'这两个术语的用法似乎是可以互换的，可实际上它们之间有不可忽视的重大差异。神学就是对某一特殊的宗教传统的阐释，有时甚至是宣扬。相反，宗教哲学则属于这样一种尝试：客观地研讨宗教教义和宗教现象，也就是说，不以任何特殊的传统立场为出发点。因此，我们可以适当地说，有'基督教的神学'或'穆斯林的神学'，却不能适当地讲，有'基督教的宗教哲学'或'穆斯林的宗教哲学'。"[148]宗教哲学由此真正地以多元性——多传统、多现象——为出发点。

有关宗教哲学和神学的区分自然带出哲学和宗教在概念上的差别，即作为一种对智慧的爱，哲学显然是事件性的，它与理性的活跃根本相关；但宗教并不像一些人所宣称的那样仅指称某些特定的宗教实体，它本身具有哲学人类学的意义。缪勒的说法是，"正如说话的天赋与历史上形成的任何语言无关一样，人还有一种与历史上形成的任何宗教无关的信仰天赋。如果我们说把人与其他动物区分开来的是宗教，我们指的并不是基督徒的宗教或犹太人的宗教，而是指一种心理能力或倾向，它与感觉和理性无关，但它使人感到有'无限者'（the infinite）的存在，于是神有了各种不同的名称，各种不同的形象。没有这种信仰的能力，就不可能有宗教，连最低级的偶像崇拜或动物崇拜也不可能有。只要我们耐心倾听，在任何宗教中都能听到灵魂的呻吟，也就是力图认识那不可能认识的，力图说出那说不出的，那是一种对无限者的渴望，对上帝的爱。不论前人对希腊字 ἄνθρωπος（人）的词源的解释是否正确[他们认为是从 ὁ ἄνω ἀθρῶν（向上看的他）派生而来的]，可以肯定的是，人之所以是人，就是因为只有人才能脸孔朝天；可以肯定的是，只有人才渴望无论感受还是理性都不能提供的东西，只有人才渴望无论是感受还是理性本身都会否认的东

---

147 Yeager Hudson, *The Philosophy of Religion*, Mountain View, CA: Magfield Publishing Company, 1991, p. 8.类似的说法是："如果说，哲学把宗教生活作为对象，其用意不是打算提供一种神性的科学，而是研究关于人类的宗教活动，那么我们称这种学科为宗教哲学。"（文德尔班：《哲学史教程》，罗达仁译，商务印书馆 1997 年版，第 33 页。）

148 转引自张志刚：《宗教哲学研究：当代观念、关键环节及其方法论批判：增订版》，中国人民人学出版社 2009 年版，第 7 页。

西"[149]。所以，哲学和宗教都需要信仰，尽管这信仰是不同的；区别在于，作为二者共享的一般形式，信仰寻求理解对于宗教来说就是如此；但对哲学来说，它可被描述为前理解寻求阐明。理性在宗教和哲学中都不纯粹，它在生活世界的不同话语或符号系统中被塑造。[150]由此，"理性作为信仰"或"信仰作为理性"在后现代语境中都可以接受，重要的是，理性在边界的开放和系谱学的拓展中已与信仰难以分割。就此而言，以信仰为切入点进行宗教哲学研究是一种历史的必然，神圣智慧的历史化显明使得后现代状况下的宗教实体——尤其受世俗人文主义发展的影响——主要以信念为自身的根本规定。在历史上，信仰概念产生于理智对行动的悬置或出离，它直接导致了一种不可逆的持存方式——理念式的存在。如史密斯（Jonathan Z. Smith）所言，"由于宗教的基础由仪式转为信仰，从可见的实际行动和教团组织转到个人的情感和感受，一整套全新的规则集合需要被用于裁定那些个人经验中被假设的可靠性、真理和深度，而非按规定仪式进行的行为的可靠性"[151]。这样，信仰因其对理念和行为的综合成为一种复杂的评价项。

在根本上，宗教哲学是悖论性的，此悖论性由存在本身而来。即尽管宗教哲学以现实的宗教教义和宗教行为为对象，它仍然言说某些去对象化的、流变着的概念上的实在事物，理性于宗教现象的澄明中被他种理解吸收，哲学于是带有宗教的气质[152]。与此同时，感觉、知觉和审美也是有限的，此有限性建立在理解的被超越之上。"准确地讲，由于弃绝在先，信仰不是美学的感情，而

---

149 麦克斯·缪勒：《宗教学导论》，陈观胜、李培茉译，上海人民出版社 2010 年版，第 11-12 页。

150 参见 Merold Westphal, "Whose Philosophy? Which Religion? Reflections on Reason as Faith", in *Transcendence in Philosophy and Religion*, James E. Faulconer (ed.), Bloomington: Indiana University Press, 2003, pp. 13-34.

151 Russell T. McCutcheon, *The Discipline of Religion: Structure, Meaning, Rhetoric*, New York: Routledge, 2003, p. 44. 宗教概念的发展更是如此，相关的研究见 Jonathan Z. Smith, "Religion, Religions, Religious", in *Critical Terms for Religious Studies*, Mark C. Taylor (ed.), Chicago & London: University of Chicago Press, 1998, pp. 269-284.

152 托马斯·内格尔（Thomas Nagel）对宗教气质（the religious temperament）（此处宗教气质指的是：作为与生活密切相关的文化解释和精神符号，宗教是存在者的人格性背景）的看法是："如果备选的柏拉图主义同宗教的解释一起被拒绝，那么我们必须回到顽固的无神论、人文主义和荒谬之中做出选择。在那种情况下，由于宇宙论问题不会远离，并且人文主义给出的答案过于狭隘，可能唯荒谬之意被留与人。"（Thomas Nagel, *Secular Philosophy and the Religious Temperament*, New York: Oxford University Press, 2010, p. 17.）

是某种高得多的东西；它不是内心的自发冲动，而是存在的悖论。"[153]存在无法被定义，对存在的言说——语言——至多成为存在者的生存样式，哲学正以不再沉沦为目标，它是理性的持久努力。而与此相对的神学虽然确立了自身的内容和方向，面朝神圣展开，但它始终无法完成这一言说的进程，从结果而言，这是一种徒劳。所以，尽管海德格尔说"与哲学相比，神学是完全自治的本体论科学，它与哲学决然不同，因此不存在所谓的宗教哲学"[154]，但宗教哲学毕竟在这不存在中产生了，存在的悖论因信仰的悖论变得可以言说。如约翰·希克所言，"我们应该为宗教哲学（philosophy of religion）保留其合适的意义，即有关宗教的哲学性思考"[155]，而这一思考正将信念置于全部宗教哲学的核心。

此外，在认知结构层面，哲学与宗教类似，它们共同言述难以言说的对象，因此宗教哲学始终面临言说无力的危险。这种危险让宗教哲学带有神秘的色彩，以致其解释效用在某种程度上丧失，但在根本上这种牺牲是一种必然。按照布尔加科夫（Сергей Николаевич Булгаков）的说法："如果哲学思考的基础确实是对存在根基的'心灵感悟'、直接认知、神秘直觉，换言之，是一种独特的哲学神话，尽管没有宗教神话那般明亮和鲜艳，那么，一切真正的哲学都是神话性的和宗教性的，因此，非宗教的、独立自主的、纯粹的哲学是不可能的。"[156]哲学不以自治为目标，其解释才真正具有了效力。且正基于此，阿拉伯的逍遥学派哲人（al-falasifa）才宣称，尽管每一种有关神圣真理的谈论都是实在的，但哲学的谈论更准确。这意味着，与神圣相关的信仰不需要符合每个人的明晰认知，其真实性恰恰表现在哲学言述的抽象和晦涩中。所以，与苏格拉底的追随者不同，逍遥学派哲人认为平民的、日常的、生活化的语言因其简陋和缺乏深意应当被放弃，有关神圣的真理唯有在艰难的解释和语词的实验中才得显现。在这个意义上，不同类型的宗教哲学是相关信念的不同想象与叙事，它们在存在范畴阐明信仰的表象。

而按照信念的叙事（与想象）的施动者（创作者）与受动者（接受者）在数量和程度的不同，宗教哲学可以分为四种：个体的深度叙事（与想象）、群体的深度叙事（与想象）、个体的直白叙事（与想象）、群众的直白叙事（与想

---

153 克尔凯郭尔：《恐惧与颤栗》，刘继译，贵州人民出版社 1994 年版，第 23 页。

154 Martin Heidegger, "Phenomenology and Theology", in *The Piety of Thinking*, James G. Hart & John C. Maraldo (trans.), Bloomington: Indiana University Press, 1976, pp. 5-21.

155 John Hick, *The philosophy of Religion*, London: Prentice-Hall International, 1990, p. 1.

156 徐凤林：《俄罗斯宗教哲学》，北京大学出版社 2006 年版，第 137 页。

象），它们分别从个体信仰、个体理性、公众信仰和公众理性出发规范信仰的内涵，四种宗教哲学大致构成了宗教哲学类型的总体。

具言之，从公众信仰出发的宗教哲学强调教会传统和神学教义的重要性，它们以既有神学为根基，发展新的、开放的、有哲学参与的新神学，维持神学诠释的正当性。[157]典型观点的持有者是云格尔（Eberhard Jüngel），他建议神学家使用双重方式运用哲学：其一，哲学在神学诠释信仰中，具有一种应时、次位与工具性的位置，有助于澄清基督认信之辩证与概念。第二，因着现代神学之历史是如此不可划分于现代之形而上学，对哲学的关注是神学的关键任务。[158]与之类似，潘能伯格（Wolfhart Pannenberg）将这种在互相定义的宗教哲学解释为："从系统思维来说，每当哲学超越了我们日常生活之自然意识，对我们关于世界与自身之多元经验，提出整体性与一致性之问题，那哲学与神学主题便彼此汇合。相反地，如果神学要论证独一上帝是世界与我们自身一致性之终极视界，神学便经常需要糅合哲学思维。"[159]在存在论的意义上，麦奎利（John Macquarrie）用一种生存本体论的有神论取代传统的形而上学有神论，并将宗教哲学视为神学人类学[160]，拉纳（Karl Rahner）宣称宗教哲学规定着"形而上的人类学"[161]，索洛维约夫（Соловьёв Владимир Сергеевич）甚至宣称"索菲亚是理想的、完善的，永恒地包含于神的存在物或基督中的人类"[162]，它们都表明宗教哲学作为人言的中介性。而按照经院哲学（士林哲学）传统，如斯温伯恩所言，宗教哲学应该是一种对宗教中心宣称的意义和正当性或辩护的考察，而不是对广泛意义上的对于宗教相关的对象的哲学考察。[163]神学

---

157 有关哲学和神学之历史关系的叙述可参见潘能伯格：《神学与哲学》，李秋零译，商务印书馆 2013 年版。

158 参见福特编：《现代神学家：二十世纪基督教神学导论》，董江阳、陈佐人译，道风书社 2005 年版，第 62 页。

159 福特编：《现代神学家：二十世纪基督教神学导论》，董江阳、陈佐人译，道风书社 2005 年版，第 183 页。

160 参见 John Macquarrie, *Being and Truth: Essays in Honour of John Macquarrie*, A. Kee & E. T. Long (eds.), London: SCM Press, 1986, pp. 50-51. 麦奎利把宗教信仰称为"对存在的信仰"。（John Macquarrie, *Principles of Christian Theology*, London: SCM Press, 1977, p. 80.）

161 拉纳：《圣言的倾听者：论一种宗教哲学的基础》，朱雁冰译，生活·读书·新知三联书店 1994 年版，第 194 页。

162 索洛维约夫：《神人类讲座》，张百春译，华夏出版社 1999 年版，第 119 页。

163 在近几十年（或许从 1950 年起），这门学科（关于它的历史，我已经讨论过了）在英语世界一直被称作"宗教哲学"。在神学的语境中，它常常被称作"自然神学"

宣称其对神圣性的追求，以超乎寻常的集中性得以达成。

与之相对，从个体信仰出发的宗教哲学更强调大信仰传统下个体信仰的重要性，它们试图在个体深度中达成与神圣性的合一。别尔嘉耶夫（Никола́й Алекса́ндрович Бердя́ев）认为："纯粹神学家主要依据《圣经》和教会传统，是从信条出发的；而宗教哲学家的认识活动，是从自己的宗教体验和信仰出发的。"[164]这种个体性的宗教体验和信仰补全了大传统的单一性和表面性。因此，舍斯托夫宣称："宗教哲学不是寻求永恒存在，不是寻求存在的不变结构和秩序，不是反思（Besinnung），也不是认识善恶之别（这种认识向受苦受难的人类许诺虚假骗人的安宁）。宗教哲学是在无比紧张的状态中诞生的，它通过对知识的排斥，通过信仰，克服了人在无拘无束的造物主意志面前的虚假恐惧（这种恐惧是诱惑者给我们始祖造成的，并传达到了我们大家）。换言之，宗教哲学是伟大的和最大的斗争，为的是争取原初的自由和包含在这种自由中的神的'至善'。"[165]

除此之外，从公众理性出发的宗教哲学由于始终无法摆脱存在悖论的影响，只能在认识论层面将神圣悬置，但其结果却令人惊奇：有所无知[166]不仅成为纯粹理性为自身立法的前提，且这一悬置可能比神学传统乐于的断言更接近本身。事实上，康德区分哲理神学[167]与圣经神学正与此相关，这一区分不仅出于历史的、政治的考量，它是纯粹理性探求真理的必然结果。"在科学的领域里，与圣经神学相对的是一种哲理神学，它是另一个学科的受委托照管的财产。如果这个学科仅仅停留在纯粹理性的范围之内，为了证明和阐述自己的命题而利用所有民族的历史、语言、著作乃至《圣经》，但只是为了自己而利用，

或"护教学"；在十九和二十世纪，"宗教哲学"这个用语，大陆传统的哲学和神学则常常用来指称一种完全不同的事情，即充分描述世界上各种不同宗教的经验、信仰和实践。我所关心的首先不在这一方面，而是英美哲学所理解的意义上的"宗教哲学"，即一种对宗教中心宣称的意义和正当性或辩护的考察。（参见理查德·斯温伯恩：《试论当代宗教哲学的历史背景和主要论域》，段德智译，《世界哲学》2005年第3期，第42-56页。）

164 别尔嘉耶夫：《俄罗斯思想》，雷永生等译，生活·读书·新知三联书店1995年版，第157页。

165 舍斯托夫：《雅典和耶路撒冷》，徐凤林译，浙江人民出版社2000年版，第19页。

166 尼古拉·库萨认为："人最终达致的不应是否定一切的无知，而是有自知之明的有见识的无知。"（（伪）狄奥尼修斯：《神秘神学》，包利民译，商务印书馆2012年版，中译本导言vxii。）

167 此哲理神学既可被视作宗教哲学亦可被视作系统神学，后者在神学传统中极罕见。

并不把这些命题照搬到圣经神学中去，试图修改圣经神学的那些神职人员享有特权的公共学说，那么，它就必须有充分的自由去传播自己，直到自己的科学所达到的地方。"[168]这传播的终点，便是文明人共有的理性，即公众理性。宗教哲学在悬置神圣的同时为文明人的交流留下了足够的空间，这种理性的开放反而为神圣的解蔽做了预备。

最后，从个人理性出发的宗教哲学试图在既有神学传统之外，极大地扩展信仰知识的内涵。此时，主体化的有关信仰的理解和体会经由私人理性的中介被诠释为各种各样有关信仰的观念和理论。例如，按照拉康的说法，精神分析明显属于弗洛伊德谈到的"文明的不满"，而宗教恰好是这不满分泌出的意义。[169]宗教哲学在这个意义上很难不被理解为一种精神分析师做出的诊断，它为药方（天主教神学）的合理性提供可被承认的支撑。与之相对，维特根斯坦将信仰视为激情的游戏，他无意将之还原为某种有意义或无意义的（个体或集体的）心理活动。如其所言，"一种宗教信念只能是某种对意指系统（system of reference）的类似激情的允诺的东西……它在充满激情地紧握这种解释。信仰行动及其指导与意指系统的描述相关，它藉此呼吁意识的参与"[170]。在根本上，信仰是"如此接受为真"的激情的运转，它不仅表现为沉思的理智，而宗教哲学显然成了游戏本身。另外，在格里芬看来，宗教哲学（过程哲学）对神圣的再诠释使得神圣王国在自然与超自然、经验和非经验之间重新取得平衡，这一状况直接促使一种伦理的、交往的、建构的新的神圣空间的生成。"自然主义有神论给我们以效仿宇宙无上威力的宗教渴求，它有助于塑造一种与超自然主义和唯物主义不同的人格类型，而超自然主义和唯物主义二者都把这种无上威力描绘成专横而全能的神。这类现代学说总是倾向于塑造斗士或政治权力的追逐者，而自然主义有神论则提倡劝信培灵的学说，从而倾向于塑造宁谧的灵魂。"[171]如此一来，在深刻而意外（相对于神学传统而言）的解释中，[172]四种类型的宗教哲学构成了有关神圣的深度与想象并存的叙事，它们真诚而自由。

---

168 康德：《康德著作全集》（第 6 卷），李秋零译，中国人民大学出版社 2007 年版，第 10 页。

169 参见 Jacques Lacan, *Le Triomphe de la Religion*, Paris: Seuil, 2005, pp. 78-83.

170 Ludwig Wittgenstein, *Culture and Value*, G. H. von Wright (ed.), Peter Winch (trans.), Oxford: Blackwell, 1980, p. 64.

171 格里芬：《后现代宗教》，孙慕天译，中国城市出版社 2003 年版，第 12 页。

172 新兴宗教的叙事通常既无深度亦缺乏想象，因而很难被认定为真。

需注意的是，对宗教哲学的如此四种类型的区分并非不可替代。比如哈迪（Daniel Hardy）基于哲学和神学的关系区分了其两种形式：一种形式是将哲学用作澄清和重新表述基督教信仰中那些实际问题的手段，这被称作"哲学神学"（philosophical theology）；另一种形式则是将哲学用以对宗教现象——在其中亦有各种信仰——的批判，这则被称为"宗教哲学"（philosophy of religion）。[173]此外，古德柴尔德（Philip Goodchild）将现代西方的广义上的宗教哲学分为两个相对的阵营：多元主义者和个别主义者。于前者而言，其最终目的是通过理性、对话和合作性的实践完成宗教的统一，不同的宗教献身和权威在中立的平台发生；于后者而言，其目的在维系自身传统的整全和权威，其论证要超越所有当代理性的建构。但无论如何，有关宗教哲学的区分都旨在进行一种哲思性信仰研究之间的对话，古德柴尔德提倡"外在的内在"（the exterior within）的目的正是希望有一种超越权威的对话在主客的交融中——即主体间——发生。[174]

于是，偏重神学的哲学信仰与单纯的哲学信仰就有了自然的区分。其中，哲学神学与哲学式信仰类似，后者的五条基本原则是：神存在；有无条件的要求存在；人是有限的、不完善的；人可以依靠神的引导来生活；尘世的现实是介于神与生存之间的消逝着的在此之在。[175]这五条原则相互补充、彼此呼应，但每一条原则都在生存的基本体验中有其各自的起源。而与之不同的哲学信仰的四种含义是：（1）带有希望特征的猜测；（2）认定某事不仅是或然的，而且在一定程度上是真实的，但有关理由不具有约束性；（3）特定的确定性；（4）信任关系。[176]它更加侧重生活经验和分析的技术。所以，哲学家更应该以有限的生命智慧对面无限的信仰之奥秘，在切身的生活经验和直观的思中明悟它，而不是为了维系"宗教信仰反对者"的名声而哗众取宠。这一点对于理解信仰

---

173 福特编：《现代神学家：二十世纪基督教神学导论》，董江阳、陈佐人译，道风书社 2005 年版，第 242 页。

174 Philip Goodchild, "Politics, Pluralism and the Philosophy of Religion", in *Difference in Philosophy of Religion*, Philip Goodchild (ed.), Burlington: Ashgate Publishing Limited, 2003, pp. 189-200.

175 参见卡尔·雅斯贝尔斯：《哲学入门：12 篇电台讲演集》，鲁路译，华东师范大学出版社 2020 年版，第 70 页。更为具体的论述，参见 Karl Jaspers, *Der Philosophische Glaube Angesichts der Offenbarung*, München: R. Piper & Co. Verlag, 1962.

176 参见罗伯特·施佩曼：《哲学信仰的观念》，载雅斯贝尔斯等：《哲学与信仰》，鲁路译，人民出版社 2010 年版，第 21-23 页。

和理性的关系极为重要，因为哲学并不预设一种结果，它反而希望知识有其归宿。[177]

---

177 参见 Thomas V. Morris (ed.), *God and the Philosophers: The Reconciliation of Faith and Reason*, New York and Oxford: University Press, 1994.

第三章　后现代语境下宗教信仰的
概念、核心、结构及特征

　　人对信仰的深刻言说足以揭示信仰存在的诸多特性。在信仰概念的构建中，人们发现：不仅与信仰相关的概念是实在、统一、多元的，而且作为主体的信仰本身同样如此。究其根源，信仰的核心与那被称为"本质"的东西息息相关；在根本上，信仰的事件即信仰自身的行动，其目的是保持神圣（性）在人之中的留存。于是，多样的信仰表达最终拢聚为基本的内在结构：在本体范畴是神圣的领受、停留和追寻；在关系范畴是事件的敞开、涵摄和意指；在认知层面，信仰可被分为本真信仰、内在信仰和外在信仰，它们与信仰的对象化相关；而在具化的外在信仰中，内在的信仰关系现象化为人的信心、信念和信从。本真信仰由内向外进入生命，它的特征不只是认知性的，自治的信仰在人的领受中具备了拟化之人格，而人格是最具主体性的交往事物。信仰由自身出发与人沟通，才具有了比拟神圣的独立特性，它是并置人、神及其他在者的超越行动。

第一节　宗教信仰的概念

一、信仰概念之实在

　　被言说的信仰首先呈现为名，对"信仰"的定义、称呼和书写在文本层面分别确立了信仰的概念词、音响形象及其承载物。按照弗雷格的说法，概念词内含概念词的意义和概念词的意谓：前者指称对此概念词的理解，后者关乎概念词所指称的对象（或对应物）。[1]与此对应，"信仰"这一概念词的意义直接决定了信仰概念的内容，而其意谓则与发生于的人神之间的信仰的交通相关联。在事件作为表达的层面，信仰是一个语句；语句的意谓是真值，信仰成为面向神圣的一致性呈现本身。这样，信仰概念的内涵与外延在表述概念结构的同时，将言说的功能事件化在言说的行动中。[2]

于是，信仰的概念对应着某种实在，即使这实在具有非对象化、先于言说等特征。通过概念化这一关联行动，"信仰"将某对象纳入到语言—对象关系中来："信仰存在"即 $\exists B_1$，其中 B_1 指称"信仰"这一概念；"'信仰存在'存在"即 $\exists B_2$，其中 B_2 是"信仰存在"。B_2 在指称 B_1 的同时将 B_1 现实化了，读者作为文本实现了一种解释的互文；我们此刻在谈论 B_1 与 B_2，B_x 在无限的生成中成为不间断的事件本身。这样，实在的概念就与非实在的概念区分开来，前者在理念世界和生活世界不断生成——信仰概念指称人神关系，后者则消弭于指称链的断裂中——信仰指称神圣，其中那处在实在与非实在之间的概念逃逸。所以，即使是（真实意义上的）不可知论者和无神论者[3]口中的信仰概念也是生成性的，区别在于它们倾向于一种对抗、背离的运动；唯独无知者和冷漠的旁观者所说的信仰言无所指，它们既无意义也无意谓。在这个意义上，神圣的隐匿与非实在性无关，信仰本身的难以言说也是实在的——内在的信仰处于深度知觉之中，它带来一种内在性的隐秘，即使外在的信仰可见、可闻、可言。既无意义也无意谓的现象之纯形式在踪迹的不存中彻底归于虚无。

具体而言，信仰概念的非实在首先与实在的流变无关，因为在历史化的时间中，概念本就是可变的，且这变化恰好与实在的流变一致。并不干涉实在持存之基础的流变本就是实在存在的样态（尤其对事件而言），它需求一种对应的概念化表达，所以在不同时代的不同语言体系、同一时代的不同语言体系、不同时代的同一个语言体系甚至同一时代的同一语言体系中，概念的内涵和外延都在发生不同程度的改变，它在根本上是延异的。例如，侮辱性的言语"草

---

1 参见弗雷格：《弗雷格哲学论著选辑》，王路译，商务印书馆 1994 年版，第 95-115 页。

2 信仰的概念化理解并不意味着把信仰行动作为语言的部分或把语言作为信仰行动的部分，它们在本体范畴是一致的。

3 培根勋爵的话预示了这一点："少量的哲学使人们变成无神论者，大量的哲学使人们和解于宗教。"（休谟：《宗教的自然史》，曾晓平译，商务印书馆 2014 年版，第 38 页。）这是一种崭新的生成。

（fuck)"，最初直接指称一种性行为，后来指称个体性格特征、职业，最后成为一种表示愤怒、厌恶、鄙夷甚至惊讶、欢喜的语气词，这些含义不仅没有产生逻辑层面的冲突，它们甚至融洽地综合在一起。而这意味着，由稳定内部结构支撑的概念的流变是合理的，概念此时不需要面对自身瓦解的危险。即若不存在意义上的根本悖谬（如宣称 A 是非 A)，概念通常不会走向虚无。因而，排他性宗教把信仰限制在对独一神的认信中且不承认其他宗教信仰的做法实际上已将某种混乱的危险纳入自身，其直接后果是一种整体信仰概念在封闭的不自洽中崩解。就此而言，"非信"是"信"、"信"是"非信"无论作为信仰的飞跃（极致的确证）还是信仰的逃避（极致的怀疑），都彰显着信仰概念的实存——它以妥协的方式保全了信仰概念的整体。

其次，信仰概念的非实在也不能被表达为逻辑层面的必要性的缺失。因为即使日常宗教实践中信众的确不注重或不关心信仰概念存在与否，但信仰毕竟是一种与实在面对面的态度，一种与世界相关的方式，它由这世界被如何经验决定。[4]换言之，有关信仰的定义及其概念的产生即使发生在后，[5]也是实在且必要的，它被包含在理智的潜在和浸染之中。一方面，由于信仰个体无法始终处于信仰的内在状态且无法始终保持其日常生活的宗教性，一种基于理性的外在的信仰作为一种指引和反省成为生活的基本要素；另一方面，生活中个人信仰的发生总处于一种被沾染的状态，即无论是教会的宣讲还是比丘的开解抑或苦行者的感动，作为业，它们始终与先在的事件相关联。而这正意味着，内在化的信仰先于信仰概念发生只是一种言说具化的迟滞，在根本上，这些生活世界中的宗教实践被信仰的概念所浸透。所以，在此处逻辑学领域的奥卡姆剃刀原则并不适用，信仰概念不仅不多余，反而是一种理智的必然。所谓逻辑层面的必要性缺失，不过是一种愚者的无明。

---

4 参见 Taede A. Smedes, *God en de Menselijke Maat: Gods Handelen en het Natuurwetenschappelijk Wereldbeeld*, Zoetermeer: Meinema, 2006, p. 242.

5 有关信仰的定义及其概念的产生发生在后有两种表现：其一，诸神圣从未直接教导有关信仰概念的知识（明确定义），而是以内容在先的方式引导并规范人的信仰行动；其二，信仰概念来自天使（使者）及圣人的教诲，信仰的传承则由圣人及其后徒完成。总体上，有关信仰的教导是间接的、在后的，诸神圣并不直接教导人"信仰是……"或向人申明"你们要认真解读我的教导并从中得出信仰概念"，反而告诫人"不要信其他的神""对我的信应当忠诚"，因为信仰概念的目的在于通过言说为人传讲诸神圣的教诲、使人认信、让人悔改，这一职责通常首先由天使和圣人承担，后交由众多的传道者。在发生学层面，这种在后性恰恰代表了一种深层次的合理。

此外，单向度地言说信仰概念并将其实在性全然归于其中的观点也不可取，它内在地暗示了一种非实在的在场，即信仰要么因理智的无限走向某种虚无，要么因其启示性质将理智弃绝。但信仰本身是中和的、中介的，它确实与理智的功能根本相关，此关联被（古典）天主教神学家用于证明天主的存在，其中从"天主"概念存在推出"天主"实然存在的过程正体现了信仰的言说本质："天主"概念与"天主"本身形成了一种超越性存在—实然存在—概念化存在的层级类比关系。[6]其结果是，即使目前人们并不支持"天主"概念存在是"天主"实然存在的充分证据，却也没有放弃对概念与实然之关系的思考，毕竟"天主""天使"与其他虚幻的概念（如"独角兽"）有着本质的不同——独角兽并不与人的喜乐、社会的公义相关。所以逻辑实证主义者对虚幻概念的批评在此处并不恰当，因为不仅信仰概念是实在的，且这一实在性极有可能得自实在的他者或超越性实在的赋予。当然，这种恩典性的赋予同样不能作为反对理智的理由，如卡斯培（Water Kasper）所言，"信仰根本是一种希望，一种末世的信德"[7]，它更多表达一种对终末的关切而非对属人之物的厌弃。[8]恩典是救赎性的，人藉着认信神圣而得救，这认信中的信仰概念正是由诸神圣赐下的得救的凭靠。蒂利希的说法是：信仰是终极关切的状态，信仰的动力则是人终极关切的动力，这动力出自整个人格之行为（an act of the total personality），它发生在个人生活的中心处，囊括了个人生活的全部因素。[9]于是，因着理智对人格整体的构成，一种认知上的历史虚无主义被避免了：人不仅在理性中与神圣联结，且这联结是未完成的、进行中的思冥之状态，它断绝了那种对生命过程的蔑视。所以，作为被言说的信仰的内容，信仰概念始终表征信仰通过理智的言说自我具现这一事件，它一直面向神圣[10]。

---

6 参见多玛斯·阿奎那：《神学大全》（第一册），周克勤等译，中华道明会、碧岳学社 2008 年版，415-426 页。

7 卡斯培：《解说今日信仰》，载刘小枫主编：《二十世纪宗教哲学文选》，杨德友等译，上海三联书店 1991 年版，第 508、510 页。

8 对《旧约》中的人而言，信仰就是对耶和华及其在诫命、威胁和允诺中所表征之事物的终极的和无条件的那种关切状态。对普遍的信众而言，信仰就是对与人相关的神圣者及神圣性的终极关切。（参见保罗·蒂利希：《信仰的动力》，钱雪松译，中国轻工业出版社 2019 年版，第 4 页。）

9 参见保罗·蒂利希：《信仰的动力》，钱雪松译，中国轻工业出版社 2019 年版，第 2-5 页。

10 若不面向神圣，无所指向的形式之信仰可导致见取见（梵语 dṛṣṭiparāmarśa），它是执着于身见、边见、邪见等非理之见，与理性、神圣皆无关联。

　　概言之，若不知晓信，便难去信，也就难以靠近神圣。信仰发乎心、转于念、止于礼，人与神圣的相遇中，发现了"信仰"。在思想层面，信仰与诸神圣的、人的概念同时出现，它们共同缘起于人的心智活动，建构起意义的体系。所谓信仰概念的非实在在此都出自人的臆断——人放弃了信仰关系本身，在极端的偏执中被转化为一种无根据的猜测。在根本上，信仰概念是实在且开放的，它在言说实在事物的同时被其言说。

二、信仰概念之统一

　　"思维的统一和思维与存在的统一之间的关系也许可以比作一面挂着一幅油画的墙。墙，如果不挂什么东西它就是空的，如果人们去掉了思维的以世界为中心的多样性的话，墙很形象地表征了思维留下的东西：它绝不是一个'无'（Nought），但仍是某种很空的东西，一种赤裸裸的统一。要不是这墙，挂这画是不可能的，但墙和画之间没有丝毫联系。无论是在一幅旁边另挂一幅画，还是原地另换一幅都没有任何问题。根据从巴门尼德时代到黑格尔时代盛行的观念，墙在某种意义上是露天的画廊，墙和画因此构成一个统一。但现在墙内在地是个统一，画内在地是一个无限的多样性，外在地是排他性的整体。无论如何，这不意味着统一，只意味着个体——'一幅'画。"[11]

　　"就信仰的概念而言，这种古老的逻辑学论调是可以接受的，因为在逻辑学层面，被定义的信仰必须达致这种内外意涵的状态，即'信仰'在其自身之内它不是一个统一，而是一个多样性，不是一个无所不包的全，而是一个封闭的个体，它自身可以是无限的而非完成了的。"[12]在范畴上，作为全，概念是排他性的，然而这种排他性的全又必须被欣然接受，它决定了概念是实在的而非相反。正是这种主体与无限他者之间复杂关系的让一种细致、精微、类型上的"一"的区分（统一、同一、整合、联合和整全）成为一种必然。

　　具言之，首先，同一和整合都以个体的主体性为出发点，其目的在使对象与自身或其他对象一体化或同质化，此过程的结果是对象最终消失、溶解于自身或其他对象之中，二者之间的差别只在被成就的"一"的内容及其表达样式的丰富性上。其次，皆以主体间性为基础的统一和联合的不同之处在于，联合

11　罗森茨维格：《救赎之星》，孙增霖、傅有德译，山东大学出版社2013年版，第13页。

12　罗森茨维格：《救赎之星》，孙增霖、傅有德译，山东大学出版社2013年版，第13页。

所强调的诸主体的合作是临时的、有条件的，其合作基础是一个或多个不涉及根本利益（规范）的商议和协定[13]，诸主体可由自意终止这种合作关系；但统一拒绝这样一种终止或分离，因为统一体中的诸主体之间存在它们共同认可的根本规范，这一规范既保证了主体间的参与平等，又确保了统一体的持存，它的分离一旦发生，其存在样态会发生巨大转变。[14]最后，统一和整全[15]不能等同，即使统一对平等、多元、自由的追求与整全一致，但统一由于其哲学性不再是理想的，而整全仍意指人与诸神圣相协调的完满状态——作为统一的理想结果，它更是一种状态而不只是事件。于是，"统一"的定义就具备了如下内容：它是于主体间发生并形成根本规范（契约）的关系事件。[16]

基于此，统一的概念形成这样一种概念类型：某一个或某一组概念是统一的，当且仅当其内部不存在明确的结构性冲突，且其独特的意义被保存。此处明确性结构冲突指的是，若对某一概念的特定组成要素或某一组概念中的单个概念的解释是唯一、明确且不可变更的，那么就不能同时承认对此特定组成要素或单个概念的他种解释（尤其是相反的解释）；而独特意义的保存意味着，此特定组成要素或单个概念可以被接受、修正、并置甚或放弃，但绝不能被替代。换言之，非对抗性解释在这里是可以被容忍和接纳的，其合理性来自概念本身与其意谓的一致流变，在逻辑结构不冲突的前提下，统一的概念支持多种理解和诠释。事实上，统一本身就意味着自足，即统一概念的变化在内部发生，它是稳定的、整体性的意义和意谓、内涵和外延的变化。但基于主体间性作用范围的广泛，此自足被限定在根本规范之上，因此主体的自治并不表现为统一之诸主体对其他主体的排斥。相反，若后者没有冲击既有秩序的根基，没有否

---

13 如会员制的国际组织。
14 此处我们不进一步讨论诸主体力量不均导致的其他后果，单就统一这一关系事件而言，它的发生是平等、多元且自由（自愿）的。
15 整全是基督教神学的叫法，在其他宗教中，这种指称人与神圣合一的术语也可以是涅槃、梵我、通神。
16 因而，统一的概念多是协调的、组织的，它是关系而非实体，"文化"即如此。"有文化的希腊人似乎没有一个表示文化的词语。他们拥有优秀的建筑师、优秀的雕刻家、优秀的诗人，正像他们拥有优秀的手艺人和政治家一样。他们知道自己的生活方式是一种良好的生活方式，如果有必要的话，他们会心甘情愿地为保卫它而战斗。但是，他们从未有过一种单独的商品——文化，某种可以由上等人凭借充足的时间和金钱去获得的东西，某种可以随同无花果和橄榄一起输出到外国的东西。"（赫伯德·里德：《艺术哲学论》，张卫东译，江苏人民出版社2019年版，第9页。）统一概念因需要而被建构，它并了自方。

定主体间的根本协定，它们不仅不会被拒斥，反而会以一种新的主体和新的理念的身份受到欢迎。如泰勒（Charles Taylor）所说："认同（identidy）表示一个人对于他是谁，以及他作为人的本质特征的理解。它的意思是说，我们的认同部分地是由他人的承认构成；若得不到他人的承认，或只是得到他人扭曲的承认，也会对我们的认同构成显著的影响。它能够把人囚禁于虚假的、被扭曲的和被贬损的存在方式之中。"[17]如此，承认的政治[18]在统一的概念之中发生，它中和了那些冲突和对抗的因素，其中差异获得了道德层面的承认，成为泰勒所宣称的名为"争论性敬重"的东西。"一种观点认为，平等尊重的原则要求我们忽视人与人之间的差异，其核心是，人之所以要求平等尊重是因为我们都是人。另一种观点则认为，我们应当承认差异性和特殊性，甚至应当保护并鼓励它们健康发展。前者指责后者违背了非歧视性原则。后者则指责前者将人们强行纳入一个对他们而言是虚假的同质性模式之中，从而否定了他们独特的认同。"[19]但在总体上，一种出于共情的承认使得这种差异在角色转化中成为可能，新的主体间的关系成为一种统一的道德感觉的联合。

所以，统一的概念的自足性不仅意味着内部变化的发生，它同时象征着主体对异质观念参与自身的认同，这种与其他主体的交互和沟通正是主体间性的根本特质。就信仰而言，面圣神圣——绝对他者——开放成为一种必然，这种异质的认同与接受成为信仰作为文化基质的前提条件——私人崇拜与公共崇拜共在，它们构成了仪式性言说的整体。不过，有一点仍需要注意，即开放的统一概念并不因对多种解释的包容而丧失其主体特征，由鹿变为马[20]。即使一些概念共享同一个名称（符号），它们的意义也各不相同——黑格尔的辩证

17　Charles Taylor, "The Politics of Recognition", in *Multiculturalism and "the Politics of Recognition"*, Princeton: Princeton University Press, 1992, p. 25.

18　霍耐特（Axel Honneth）认为，现代社会三种重要的承认形式——爱、权利和团结——依次对应情感依附、权利赋予、共有的价值取向。（参见霍耐特：《为承认而斗争》，胡继华译，上海人民出版社 2005 年版，第 135 页。）

19　Charles Taylor, "The Politics of Recognition", in *Multiculturalism and "the Politics of Recognition"*, Princeton: Princeton University Press, 1992, p. 43.

20　此处不是"旧瓶装新酒"，而是"指鹿为马"。概念的定义通常是根据属种关系来的，属种关系就可被视为一种基本规范。例如苹果是被子植物门双子叶植物纲蔷薇科苹果亚科苹果属植物，人们定义苹果时便按此标准定义。但是人绝不能将它定义为梨，虽然后者也属于被子植物门双子叶植物纲蔷薇科苹果亚科，但确不是一个属类。区分苹果和梨的植物属类，就是一种基本规范，这是不能被取消的。

法是正反合一的，[21]巴特的辩证法是绝对差别的，[22]霍克海默的辩证法与文化启蒙相关，[23]而阿多诺的辩证法指称一种否定的生成。[24]在意义背景的差别中，统一的辨证概念将被认同的彼此呈现在可视的地方。当然，"这种认同在道德根源中比它的谴责者所承认的要丰富得多，但是由于其最热情的辩护人——贫困的哲学语言，这种丰富性弄得看不见了"。[25]在这个意义上，正确地理解现代性——概念的主体化活动，就是在实施拯救，它与他者相遇了。

然而，即便如此，这种统一概念的建立也不意味着某种灵性的整全，它不值得人们为此欢呼雀跃。因为在根本上，其理想成分胜过现实性：在生活层面，它不比朴素的日常观念更能说服常人；而在价值层面，哲学向来热爱建立意义的王国，但这些美好而深刻的言辞从来都不比生活世界更真实可靠。其结果是，在涉及神圣领域的时候，一件不寻常的小事带来的奇异感觉往往胜过哲人和神职人员的教导，此时一种私人的体会压倒了未能深入人心的信念。如布加雷尔（Xavier Bougarel）所言，信仰首先是一种私人的、深刻的感受，是一种在自身结构、环境、空间和时间性之外无法被表达出来的个人的感受，[26]而这种有关根本上重要的事件的确定感，真正决定个人存在的升起和沉沦。[27]所以，

21　黑格尔的辩证法在根本上是同一性的。（参见黑格尔：《精神现象学》，先刚译，人民出版社 2015 年版，第 26 页。）

22　巴特认为，人与上帝始终处于辩证的关系中，即人永远无法触及上帝。（参见卡尔·巴特：《〈罗马书〉释义》，魏育青译，华东师范大学出版社 2005 年版。）

23　启蒙要警惕自身的极权性质，它必须始终保持自身开放并接受对抗的力量。（参见霍克海默、阿道尔诺：《启蒙辩证法——哲学片段》，渠敬东、曹卫东译，上海人民出版社 2006 年版，第 4-5 页。）

24　"被规定的否定"坚决反对那种同一性的辩证方法。（参见阿多尔诺：《否定辩证法》，王凤才译，商务印书馆 2019 年版，第 153-234 页。）

25　查尔斯·泰勒：《自我的根源——现代认同的形成》，韩震等译，译林出版社 2008 年版，第 3 页。

26　参见 Xavier Bougarel, "Bosnian Islam as 'European Islam': Limits and Shifts of a Concept", in *Islam in Europe: Diversity, Identity and Influence*, Aziz Al-Azmeh & Effie Fokas (eds.), New York: Cambridge University Press, 2007, pp. 96-124.当然，这种感受、结构、环境、空间、时间也是集体性。比如，由于锡克教不像印度教一样反对神圣性的拟人化呈现（因而也在原则上反对偶像崇拜），锡克教崇拜的场所——谒师所（gurdwara，通往古鲁或导师的道路）——是一处聚集聆听由锡克教圣典（*Adi Granth or Granth Sahib*）得来的文本的场所，也是祈祷者交谈的场所。（T. N. Madan, *Modern Myths, Locked Minds: Secularism and Fundamentalism in India*, Delhi: Oxford University Press, 1997, p. 65.）

27　参见 E. Spranger, "Zur Psychologie des Glaubens", in *Gesammelte Schriften*, Vol. 9, 1974, pp. 251-270.

统一的概念在根本上面临着私人化、生活化的危险，在生活世界，它被一种零碎的、切身的现象观念取代。在这个意义上，人们对信仰概念的理解和看法确实大相径庭，其结果自然导致一种绝对的差别：即使是在最细微之处留下质疑、解释的空间，那脆弱的统一性也会被解构——原始佛教因"小小戒可舍"的分歧走向宗派的分立与此相关。[28]这样，统一的概念本身也是脆弱的。[29]

　　此外，在信仰的外部，统一的脆弱性会导致一种意识的垄断的反转。即看似是宗教过度世俗化[30]和异化[31]的直接原因的统一的信仰概念不仅在事实上没有形成，而且它受到的有形、无形的抵制超乎想象。[32]其结果是，只有于团体、民族、国家和地区中相对统一的信仰概念存在，且这统一尚且无法得到各方的承认，在各种暧昧的误解中，这种集体的意识被政治化了。所以事实上，现有的宗教问题很大程度上由对统一的信仰这一概念的误解和分歧产生，而宗教的过度世俗化和异化恰恰是未形成统一的信仰概念的结果。换言之，人们要去尊重这种歧义性。"对世界的认识——课题化——自然不会轻易放弃。它试图——并且也成功地做到了——把他者对同者的打扰还原掉。它通过那种它同意进入的历史重新建立被恶和他人所扰乱的秩序。然而，在重建起的秩序中，裂缝总是会再出现。我们的现代性不仅出于历史和自然之确定性，它同样出于一种交替：复归与断裂的交替，认知与社会性的交替。在这交替中，复归并不比断裂更真实，法则也并不比与邻人的面对面更有意义。这一点并不仅仅证明综合有缺陷；这一点恰恰定义了时间本身，那谜一般的解时序意义上的时间：无终点的趋向，无重合的瞄向；这一点示意着一种无穷无尽的延迟的歧义

28　当然，在历史上，这种说法有待商榷。不可否认的是，它确实影响了从原始佛教到部派佛教的进程。

29　这种脆弱与真理相关。海德格尔所说"真理之中断"（interruption）的含义显然被包含在开抛（entwerfen）、敞开（die Offenheit）、不性（das Nichthafte）、坍塌（einfallen）、震荡（erschüttern）等一系列描述中。真理乃是朝向离基深渊（Abgrund）的中心，它在上帝之掠过中颤动，因而对于创造性的此——在的建基来说乃是被经受的基础。（参见海德格尔：《哲学论稿：从本有而来》，孙周兴译，商务印书馆 2012 年版，第 351 页）对应地，在神学层面，这种绝对与神圣的基本中断即上帝的启示话语。（参见 E. Jüngel, "The Dogmatic Significance of the Question of the Historical Jesus", in *Theological Essays II*, J. B. Webster (ed.), Arnold Nerfeldt-Fast & J. B. Webster (trans.), Edinburgh: T & T Clark, 1995, p. 89.

30　过度指世俗化导致了根本上的神圣性的衰退，而不是一种宗教参与的减少。

31　异化指宗教的根本目的和理念发生了转变，如新兴宗教早期反对血祭、巫术及偶像崇拜，后期却大肆宣扬这种理念。

32　比如各种准宗教意识形态的战争。

性或把握和占有的渐进性；这一点也示意着一个无限的上帝的临近，这临近即其亲近性。"[33]因此，对统一的信仰概念的保护要胜过戒备，毕竟这种脆弱的统一本身代表着忍耐和非抵抗。如奎因（Philip Quinn）所言："当一个人信仰特定宗教的理由无法胜过信仰其他宗教的理由时，一种认识论上的不确定会使人在真理面前变得谦卑，人要最大程度的减少不忍耐的行为。"[34]在强证明到弱证明的转变之间[35]，是同样脆弱的智慧扩展了真理的接受空间，并将之塑造为对话性的。在根本上，正是这种认识论的谦卑（epistemic humility）阻止了意识的垄断的发生，它不仅有利于宗教忍耐的增长，还推动着多元宗教非政治性对话的进行。

三、信仰概念之多元

"一个毛孔、黑斑、小疤痕或网眼的多元体。乳房，婴儿和铁条。一个蜜蜂、足球队员、或柏柏尔人的多元体。一个狼或豺的多元体……所有这一切都不容许被还原，但却将我们带向无意识的构型的某种状态。"[36]《千高原》中德勒兹（Gilles Louis Réné Deleuze）和加塔利（Félix Guattari）为人们展示的多元体的景象俨然让人生畏，但它确实描绘了多元体的要素的本质——根茎——的绝对异质性。作为不断变化的间距，根茎是强度，是瞬间被把握的群集，在无意义的词汇与声音的联结中，它生成一个陌生的符号，这符号将自身命名为多元。所以，"不可译是所有概念的另一个名称，而多元体的被造正是为了摆脱'多'和'一'之间的抽象对立，为了摆脱辩证法，为了终于能够在纯粹状态之中来思索'多'，为了不再将其视作一个源自于一种丧失了的统一性或

---

33 列维纳斯：《论来到观念的上帝》，王恒、王士盛译，商务印书馆 2019 年版，第 215 页。

34 Philip Quinn, "On Religious Diversity and Tolerance", in *Religious Tolerance Through Humility: Thinking With Philip Quinn*, James Kraft & David Basinger (eds.), New York: Routledge, 2008, pp. 61-64.

35 强证明理论：认为一个事实命题原则上必须被观察陈述或者观察行为证明，此处之可证明性是结论的可证明性；弱证明理论：陈述 q 是事实的当且仅当 q 本身是一个观察陈述或者能够被观察陈述证明或者否证，此处之证明意味着提高可能性或有证据支持，否则意味着降低可能性或有证据反对。根据弱证实理论，即便没有观察证实半人马存在，但"半人马存在"仍可能为真，因为半人马此时可能正在未知的地方奔跑着，只是人们没有看到它。这样，命题"半人马存在"可以是真的，即使它不怎么令人信服。

36 德勒兹、加塔利：《资本主义与精神分裂（卷 2）：千高原》，姜宇辉译，上海书店出版社 2010 年版，第 41 页。

总体性的可计算的碎片（或相反，将其视作那些源自一种即将形成的统一性或总体性的有机的构成要素）"[37]。就信仰而言，不可译概念的内在否定性暗示着两种可能：一是阻止一种殖民性翻译的模仿性回归，二是为不同宗教文化的相遇创造出"第三空间"。[38]在这个意义上，信仰的统一显然内在于难以言说的神圣之中。

而在关系范畴，信仰概念的多元同样与不可还原的神圣之流溢相关，即每一种出于生命的对人神关系的理解和体会都是可靠的，它被呈现为不同侧重的普遍的信仰定义。史密斯宣称，"信仰是一种对自身、对邻人、对宇宙的人格取向，是一种总体的回应，一种看待这世界、对待这世界的方式，是在超越维度的观看、感受、行动"[39]，他显然更注重信仰的行为特征；路德认为，真正的信仰，是欣然面对死亡的能力，[40]后者明显侧重信仰的生命效用。在更具体的层面，所罗门（Robert C. Solomon）宣称"信仰是一种敬畏（reverence）和信任的变化"（同样是爱的变体）[41]，米亚尔（Olivier Maillard）将信仰定义为"相信你所未见之事物"[42]，他们分别从人的情感和理智出发描述了信仰的特征；在社会层面，道金斯（Richard Dawkins）宣称"那从宗教恶习中解放了的，就是信仰"[43]，这无疑是对某种潜在意义形态的弃绝。最终，在对神性的相信中，信仰的最高发展被吸收了，它已从与自身相关的社会副本中解放出来，宗教信仰成为一种日常交流中的基本要素的最高形式。[44]由此，这些有关

---

37 参见德勒兹、加塔利：《资本主义与精神分裂（卷2）：千高原》，姜宇辉译，上海书店出版社 2010 年版，第 44 页。

38 参见 Arvind-Pal S. Mandair, "What if 'Religio' Remained Untranslatable?", in *Difference in Philosophy of Religion*, Philip Goodchild (ed.), Burlington: Ashgate Publishing Limited, 2003, pp. 87-100.

39 Wilfred Cantwell Smith, *Faith and Belief*, Princeton: Princeton University Press, 1979, p. 12.

40 参见 Martin Luther. *Dr. Martin Luthers Werke: Kritische Gesamtausgabe*, vol. 33, Weimar: H. Bohlau, 1883-1993, pp.281-283. 亦参见 Martin Luther, *Luther's Works*, vol. 23, Jaroslav Pelikan & Helmut Lehman (eds.), Philadelphia & St. Louis: Fortress and Concordia, 1955-1986, pp. 178-179.

41 Robert C. Solomon, *Spirituality for the Sceptic: The Thoughtful Love of Life*, Oxford: Oxford University Press, 2002, p. 29.

42 Olivier Maillard, *Sermones de Sanctis*, Paris: Jehan Petit, 1504, p. 12.

43 Alister McGrath, *The Twilight of Atheism*, London & New York: Doubleday, 2004, p. 95.

44 参见 Georg Simmel, "A Contribution to the Sociology of Religion", in *American Journal of Sociology*, vol. 11, 1905, pp. 336-67. 这种观点的另一种说法是："现代性中最具决定性的新东西不是判断的多样性——全体一致总是罕见的——而是人们做出的

信仰的诸多定义不仅没有将其统一性消解，反而在不同的表述中将理性遍在的认知与同情展现了出来。

更进一步，信仰概念的多元性表达在其言说内容的差别中，不同言说主体知识背景、生活经验、话语态度甚至宗教立场的不同不仅没有取消其差别性言说的合理性，反而将一种内化的、切身的理解传达了出来。在这个意义上，某些对其他宗教的误解是可以接受的，它因差别本身保留了修改的可能性，唯独无知和执拗的结合生产的同一性偏执无法被认同。所以，尽管希伯来词אמן、希腊词πίστη、印地词विस्वास、拉丁词 credo、德语词 der Glaube、英语词 faith和中文词"信仰"（或信）在词形学上迥异，但其语用——即指称本真之信仰——是贯通的，它们都试图清楚地表述那发生在言说主体周遭的属灵的事件。在这个意义上，无论是佛教教诲的对事物所是的充分而坚固的确信、在善属中的平静之乐、得观某事物的渴望或意念[45]，还是穆斯林宣称的信仰、信任以及一种在真主合适的关怀、怜悯和正义中的个人的安全感和幸福感[46]，抑或基督徒传扬的上帝在基督里直接的自我交通[47]都被容纳在"信仰"这一名称中，信仰成了无器官的身体。作为事件，信仰概念生成在根茎的运作中。

至于信仰的类型学，多元性内在地被包含在"类型"一词中。在信仰的类型方面，如杜勒斯在《所望之事的实底》一书中指出的那样，在神学史上，存在着不少于七个不同的信仰模型：（1）"命题模型"，此模型认为信仰是"对显明者上帝的权威所揭示的真理的同意"；（2）"超越模型"，它以"一种新的认知视野，一种神圣的视角来理解信仰，这种视角使人们能够看到并同意那些原本不会被接受的真理"；（3）"信任模型"（fiducial model），此模型强调信仰为"对上帝的信任或信心，因为上帝意愿实现其应许"；（4）"情感—体验"模型，它将信仰理解为一种（神秘的）体验；（5）"服从模型"，此模型"强调信仰作

所有不同的判断都应该被视为信仰。信仰的范畴本身已经发展成为一种新的认识论空间，它恰当地承认了多元性和竞争性，因此，在旧体制中代表一种危机或缺乏信仰的多样性，在新体制中则表示信仰本身。在现代性中，信仰是一个空间，在这个空间中，对立的主张作为对等的替代品而存在，而不是一种主张战胜别的主张。"（沙甘：《现代信仰的诞生：从中世纪到启蒙运动的信仰与判断》，唐建清译，社会科学文献出版社 2020 年版，第 14-15 页。）

45 即 saddhā, Walpola Rahula, *What the Buddha Taught: Revised and Expanded Edition With Texts From Suttas and Dhammapada*, New York: Grove Press, 1974, p. 8.

46 即 īmān。

47 即אמן、πίστη。

为服从"；（6）"实践模型"，它表明信仰是"历史和社会的实践"；（7）"人格主义模型"，它认为信仰是"一种给予生活和存在模式的新的人格关系"。杜勒斯认为，没有必要在不同的模型之间进行选择，因为信仰是一个如此复杂而丰富的现实，以至于上述所列的每个模型都只能成功地突出该现实的一个方面。因此，应将不同的模型理解为互补的。[48]

除此之外，凯伦伯格基于克尔凯郭尔和乌纳穆诺的观点（信仰的非理性论）区分了三种不同的信仰模型：信仰的圣经模型、信仰的荒谬模型和信仰的悖论模型，其中，后两者都属于信仰的存在性模型。[49]在更具体的层面，信仰的圣经模型表明此类型的信仰者绝不允许怀疑作为确定信仰的状态存在，它只能以被克服的要素出现，否则信仰便会失落；与之相反，持有信仰的荒谬模型的信仰者将荒谬这一特性——不确定性——作为信仰存在的前设，只要并非所有的证据都指向神圣者不存在，那么神圣者存在这一命题就是值得相信的。[50]换言之，正是这难以把握的存在的真理的甚微显明，确证了神圣本身之实在。除此之外，信仰的悖论模型宣称，信仰不在于确证或未确证留下的可能空间，而在于人为逃离信仰之悖论——难以确证带来的苦痛、疑惑甚至绝望——的挣扎和努力，信仰在艰难成就中规定自身。[51]如此一来，不同的信仰模型不仅为理性、非理性的信仰提供了支持，同时也杜绝了其概念统一性的崩溃。信仰的类型学澄明了信仰概念结构的合理性。

最终，信仰概念的多元性与人们所作出的有关宗教、信仰的选择根本相关，它意味着自由。[52]莫尔特曼认为改革宗最吸引人的地方就是它是自由的——在所信的上帝面前的自由、在面对国家时宗教的自由、在面对教会时意识

48 参见 Avery Dulles, *The Assurance of Things Hoped For: A Theology of Christian Faith*, New York & Oxford: Oxford University Press, 1997, pp.70-81.

49 参见 James Kellenberger, "Three Models of Faith", *Contemporary Perspectives on Religious Epistemology*, R. Douglas Geivett & Brendan Sweetman (eds.), New York: Oxford University Press, 1992, pp. 320-335.

50 参见 Søren Kierkegaard, *Concluding Unscientific Postscript*, David F. Swenson & Walter Lowrie (trans.), Princeton, NJ: Princeton University Press, 1941, p. 182.

51 参见 Miguel de Unamuno, *Tragic Sense of Life*, Crawford J. E. Flitch (trans.), New York: Dover Publications, Inc., 1954, p. 193.

52 也有反对的观点，如诺克（Arthur Darby Nock）认为，信仰作为一种有意识的选择并涉及到皈依行为，实际上仅限于单一主神的和一神教的信条。（参见 Arthur Darby Nock, *Conversion: The Old and the New in Religion From Alexander the Great to Augustine of Hippo*, Lanham, MD: University Press of America, 1988, p. 185.）

的自由。自由是信仰之道自身开放的体现，如莫尔特曼所言，在上帝与人类的约中，自由在上帝一方被定义为公义，在人的一方则是信仰。[53]扩而言之，在广义的人文层面，信仰是理解人和历史的基础，它是一般的历史意义的来源，也是超越意义的来源。两种意义的共在使得信仰不仅在理性之中，它的符号学基础建立在每一个意义链的组合之上，换言之，信仰的可能的解构并不意味着上帝的失败，而是一种扭转的发生。信仰是可错的、自由的，它的形上根基是神圣关系的超越性、奥秘性，在神学层面则是悔改。人的理性、知识和道德都是可错的，对错误的承认和接受——悔改——在此意义上正是对神圣和超越的开放，这也是信仰的特质之一。[54]

概言之，多元与统一的悖论性差别正塑造了信仰概念这一多元体，即使怪异、荒诞，它仍为智性的审美所接受。如舍斯托夫（Lev Shestov）所言："何处理性宣讲荒诞（ineptum），我们应当说正是这一点优先值得我们的全部信任。最终，在不可能升起之处，我们要反对我们的'无疑'。"[55]信仰概念不是无疑的，它与流变甚至多疑相关，在与神圣的理智的关联中，这种怀疑的问询参杂些微的确信最终构成了知识化的信仰整体——宗教哲学[56]。宗教哲学意指信仰危机本身。[57]

---

53 参见 Jürgen Moltmann, *God for a Secular Society: The Public Relevance of Theology*, Chr. Kaiser and Güstersloher Verlagshaus Gütersloh (trans.), Minneapolis: Fortress Press, 1999, pp. 191-208.

54 参见 Reinhold Niebuhr, *Faith and History: A Comparison of Christian and Modern Views of History*, New York: Charles Scribner's Sons, 1949, p. 101, 112, 146, 151.

55 L. Shestov, *Athens and Jerusalem*, B. Martin (trans.), New York: Simon and Schuster, 1968, p. 288.

56 此处需注意，一些强调理智方面的神学和义学也被包含在内，它们在根本上与神圣智慧相关。而所谓的信学（Pistology，词根 πιστός 是阳性单数形容词），由于它只是神学的一个分支（The branch of theology dealing with faith），更具体地说是实践神学的分支，研究对象限定为亚伯拉罕诸宗教，且在内容上多有反理智的部分，所以多数不能纳入此范畴。至于另一种领域的信仰学（Pisteology，词根 πίστη 是阴性单数名词），则是有关信仰的科学或科学研究（The science or study of faith），它主要从生理学、心理学、社会学、政治学、人类学、文化学层面考察信仰行为的发生、运作，同样不属于形上研究的领域。

57 这种危机是根本性的。按照瓜尔迪尼（Romano Guardini）的说法，"由于信仰就是生命本身，是最完整意义上的生命，它必须经历反复的危机，这些危机不仅涉及个人生活的单独部分，而且涉及他们的整个本质——他们的思想和他们所有的潜力"。（Romano Guardini, *The Essential Guardini: An Anthology of the Writings of Romano Guardini*, Heinz R. Kuehn (ed.), Archdiocese of Chicago, Liturgy Training

第二节　宗教信仰的核心

一、神圣的留存与类比

哲学历来的使命之一是在事物之中发现不变之物，即那被古希腊哲人称为 ουσία（本质）的东西。Ουσία 的含义是：主体主动隐去某些不便认知的要素，在现象化的过程中成为 αντικείμενο（对象）——那从幕后被推出之物，并将自身模糊化为总体性的名称；ουσία 的这一作为即认知的行动。所以，实际上，信仰概念化、知识化的发生内含了 ουσία 的参与和转化，它使本真的信仰具有了某些可被认知的结构性特征，其中被那称为"核心"的事物与 ουσία 保持一致。换言之，ουσία 意味着持存，信仰的事件即信仰的行动，其目的是保持神圣（性）在人之中的存留。在这个意义上，一切信仰的言说和信仰的现象都通过类比与神圣根本相关。

具言之，有关神圣的类比是信仰之类比和存在之类比的中和，它既涉及一种恩典的起始性，又意味着一种范畴的聚合，本真信仰在存在范畴中具化，现象的可能性被转化为不同层面的理解和领会。如同朗西埃命名的"象征蒙太奇"一样，存在的类比把来自艺术和非艺术领域的迥然相异的元素聚合在一起，并且制造出一种对历史的不同感知。如朗西埃所言，在迥然相异的元素之间，它（象征蒙太奇）力图建立起一种熟悉性，一种偶然的类比，以证明一种更基本的相互隶属的关系，即有一个共享世界，其中异质性元素被包含在相同的本质结构之中，而且因此总对被聚合在一起保持开放态度，这种聚合的依据是一种新的比喻所带来的亲密性（fraternity）。这种对他者亲密的自然发生，暗示着某种超越性的临在，它是象征蒙太奇创造了一种共同体之间相互联系的"救赎图像"。[58]这种毗邻存在之类比的跨领域的类比的偶然表达将艺术与非艺术范畴（当然也包括本体范畴）交叉并使其元素聚合，它在指向（或尝试指向）神圣时构成信仰之类比的雏形。由此，信仰之类比不仅与神圣根本相关，在结构上，它保持一种开放的亲密，这种亲密就意指信仰的核心。

Publications, 1997, p.149）所以，宗教哲学作为信仰危机的呈现，是生命智性本有之形态。

58　参见托尼·萝丝：《图像，蒙太奇》，载让-菲利普·德兰蒂编：《朗西埃：关键概念》，李三达译，重庆大学出版社 2018 年版，第 207-209 页。需注意，此处还存在另一个蒙太奇概念，即"辩证蒙太奇"。辩证蒙太奇在艺术形式中起作用，这些艺术形式编排着（chogreograph）互不兼容的元素之间的冲突（clashes），为的是解释相互冲突的现实观，尤其是为公共生活占支配地位的建构所传达出的现实提供替代性选择。

二、次要方面

因此，鲁埃尔的说法是合适的，有四种关乎信仰的错误用法应该被杜绝，即"信仰在所有宗教中起到的核心作用都如基督教一般；信仰指导因而解释行为；信仰是心理学的；信仰而非信仰的对象最为重要"[59]。这四种观念都误解了信仰的核心，它们以部分表象或形式的特征替代了信仰的整体，在对信仰的描述中，这种错误是致命的。所以，基督教思想总带有的理论特征——"对一系列解释此世界的信念的明确表达的关注在其中发现自身"[60]——事实上并不适用于其他宗教，反而是在多元宗教环境中产生的一种超越或中道的宗教观念更能切中信仰的核心。比如鲁米（Jalal al-Din Rumi）坚称，在信与不信之外，存在一种更根本的与神圣相关的东西——爱[61]与灵性经验。这种无差别的、不可动摇的对神圣的观照超越了信与不信、善与恶等二分法的无效，它将遮蔽人的自我抛开，从而让神圣从道德性与宗教性的纠缠中解放出来。爱就是信，而我们是在生活在不信中的无爱之人；善就是信，远离了善行的就是恶人。在非我的道路中，人向平等的、非歧视的神圣敞开，信（īmān）的未明含义不断涌现。[62]

而若将信仰视作爱与灵性经验，一种对信仰指导、解释行为的反对自然发生，因为信仰本身就是行为。如斯特伦（Frederick J. Streng）所言，"信仰不仅是一种思维方式，而且是一种生活方式，它把日常生活置于永恒实体的笼罩之中"[63]。所谓的指导和解释，在此不过是一种意识对行为的内省，而这种内省显然并不在先形成一种引导。且在可经验领域，"信仰乃是社会学的事实，而不是神学的事实"[64]，这意味着信仰作为行为而非理念被观察，它反对一种单

59　M. Ruel, "Christians as Believers", in *Religious Organization and Religious Experience*, J. Davis (ed.), London & New York: Academic Press, 1982, pp. 9-32.

60　R. Horton, "African Traditional Thought and Western Science", in *Rationolity*, B. Wilson (ed.), London: Blackwell, 1973, p. 299.

61　"服从不可理喻的事情，相信它会高于而不是低于可以理喻的事情"，这一基本态度所带有的信任感成就了一种无所不包的思想感受，同时成就了一种无言的、非人格的挚爱。（参见卡尔·雅斯贝尔斯：《哲学入门：12篇电台讲演集》，鲁路译，华东师范大学出版社 2020 年版，第 37 页。）

62　参见 Mostafa Vaziri, *Rumi and Shams' Silent Rebellion: Parallels With Vedanta, Buddhism, and Shaivism,* New York: Palgrave Macmillan, 2015, p. 104, pp. 117-119, p. 153.

63　斯特伦：《人与神——宗教生活的理解》，金泽、何其敏译，上海人民出版社 1991 年版，第 59 页。

64　埃文斯·普里查德：《原始宗教理论》，孙尚扬译，商务印书馆 2001 年版，第 20 页。

纯的思维化。在根本上，信仰是灵魂的生命，它包含了思维的意识和行动的意志。

针对灵魂这一议题，阿奎那更加具体地分析了感觉过程与思想过程的异同，按照他的观点，感觉过程与思想过程的不同不仅在于二者的对象层次不同，而且在于二者的动力不同，即前者是自在的，后者是自为的。动力有两种。一种命使行动，此即嗜欲能力。觉魂的这种活动不能没有身体，忿怒、喜乐等情都带有身体上的变化。另一种动力是执行行动的，它使肢体适于服从嗜欲之命令；它的活动不是推动，而是被推动。可见觉魂之推动不是不需要身体的活动。[65]由此，一种对信仰的心理学的解释也被放弃，信仰作为"对神的一种渴望，渴望得到神和上帝的爱"，[66]不仅是心理的，更是心灵的和身体的，而后者显然更具解释的力度。在祭祀、占卜、崇拜、传道、修行的实践中，信仰成为身体切实的作为而不仅是其动力。

最后，具化的信仰的行动反对一种形式的复仿[67]，即神圣在宗教中的留存应当是自为的，它要主动避免一种神圣向度的缺席。在社会层面，神圣的缺席意味着普遍意义的空缺，因此信仰成为一种非日常性的、纯个人性的信赖神意的特殊卡理斯玛（charisma），它会导致远超越通常人力所能为的结果。[68]这种结果可能是迷信、癫狂，所以偶像崇拜若与神圣无关就应当被弃绝；与之类似，在古代与神圣相关的巫鬼仪式[69]若在现代无法保留神圣，反而沉沦在绝对世俗和迷信中，同样应当被放弃。普韦布洛印第安人的说法是：普韦布洛领导者经常用仪式的隐秘等同其神圣性的理由来论证保密，即如果宗教仪式被错误的人所知，那它就失去了力量。[70]但现在的情况是，这种曾普遍出现在世界各处的观念若想继续作为神圣的保证，那么除此之外它还需要更多的支撑。所以，偶像崇拜和宗教仪式若仍有神圣的观照，那么便不被视

---

65 托马斯·阿奎那：《神学大全》（第三册），周克勤等译，中华道明会、碧岳学社 2008 年版，第 8 页。

66 麦克斯·缪勒：《宗教的起源与发展》，金泽译，上海人民出版社 1989 年版，第 15 页。

67 其中，凸显出来的是人为性，而非神圣性。

68 参见马克斯·韦伯：《支配社会学》，康乐、简惠美译，广西师范大学出版社 2005 年版，第 258 页。

69 作为宗教启智的形式之一。

70 参见 Numa Denis Fustel de Coulanges, *The Ancient City*, Garden City, NY: Doubleday, 1956, p. 194.

作一种信仰的背弃——背信是神圣（性）的流失和匮乏，不减损（或增加）并不在其中。神圣的留存在对形式的摹刻和复仿的反对中达成。

第三节　宗教信仰的结构及分类

一、信仰的结构

有关"信仰"概念的使用问题，鲁埃尔区分了两种用法。其一是强意义上的信仰概念，它总与信仰的定义、范畴化以及难题相关，一旦信仰的内涵或外延被强调——无论是褒义还是贬义的，它就具有系统化、具体化的内容（基督教或其他宗教的）。其二是弱意义上的信仰概念，它被日常化在人们的生活中，用以指称总体上的期待和假设。因而弱意义上的信仰通常不会有使用上的问题，它将误解和歧异包容在自身的语义扩展之中。[71]在语言学上，强意义上的信仰概念实际上是弱意义上的信仰概念的结构化后果，它将信仰的内容及形式系统化为指称和表意的符号，在这个层面，信仰的结构在名称的外部生成。所以，在 $ουσία$ 与 $δομή$ （结构）之间重建相符性要求进行一系列事先操作：置换或转换，把两者都还原成它们的结构成分之后，才能进入某种概念及其结构的辩证关系。

根据列维-斯特劳斯（Claude Levi-Strauss）的说法，当某事物具有如下性质时它才能被称为结构：首先，一个结构表现出系统的特征，对于它的某一组成成分做出任何变动都会引起其他成分的变动；其次，任何一个模型都隶属于一组变化，其中每一种变化都对应于同类模型内的一个模型，以致所有这些变化加起来便构成一组模型；再次，上述特质使我们能够预见，当模型的某一成分被更改的时候，该模型会如何反应；最后，构拟一个模型应当使其运行能够解释全部被观察到的事实。[72]换言之，结构是事件表现即现象的解释，其中构成现象的全部要素处于相互影响的系统关系中。这关系是整体性的，它在不同层次诠释不同要素之间的相互关联，但最终，这诠释与信仰关系的自我呈现相符。

71　参见 M. Ruel, "Christians as Believers", in *Religious Organization and Religious Experience*, J. Davis (ed.), London & New York: Academic Press, 1982, pp. 9-32.

72　参见列维-斯特劳斯：《结构人类学》，张祖建译，中国人民大学出版社 2006 年版，第 298 页。

　　所以，在认知[73]层面，信仰可被分为本真信仰、内在信仰和外在信仰，它们与信仰的对象化相关；而在本体范畴，因着事件性，信仰的结构具化为神圣的领受、神圣的停留和神圣的追寻，此三者即本真信仰的三要素；在关系范畴，信仰通过敞开、涵摄和意指（意向性指使）使得诸事件相互流转，它生成一种内在关系之可能；最终在外在信仰中，此可能转化为一种现实，内在关系被外在化为信心、信念和信从[74]，信仰作为生命的重大事件发生。

　　这样，有关信仰的言说在根本是一种出于生命的理解。其中，外在信仰的话语带有生活化、日常化的特征，而内在信仰的内在化意味着其在关系范畴的演变只能以隐秘的或形而上的方式表达。至于本真信仰，由于作为主体是绝对的，与之相关的言说在根本上是一种接受和解释，结构化的诠释此时被视为理智的功能。最终，在一种超然的认识状态——第四位[75]——中，诸如"被光充满""与神合一"的描述成为神圣体验和领会的语言再现。由此，语言—理解作为结构的根基得到说明。

二、信仰的分类

　　事实上，根据信仰的结构划分其类型的做法并不罕见，因为结构本身不仅表达着类型，它同时可以说明类型化的根基所在。比如康德针对独断的信仰（dogmatic faith）提出一种反思的信仰（reflective faith），因为他认为独断的信仰在宣称自身是一种（历史性）知识这一点上，是不真诚且谵妄的。[76]理性对道德的需求要求一种行动上的超越性，这一点意味着信仰绝不会满足于逻辑的自足，它反而会在绝对的善——道德行动的起源——中寻求弥补。在此基础上，柏格森对封闭社会—封闭道德—静态宗教以及开放社会—开放道德—动

73　此处认知在广义上使用，即可辨识。

74　中世纪的神学表述是：相信上帝存在（credere Deum）、相信上帝所说（credere Deo）、出于信仰将自己交给上帝（credere in Deum）。在印度教中，信心、信念、信从可对应信爱瑜伽（bhaktiyoga）、智慧瑜伽（jñānayoga）、业行瑜伽（karmayoga）。而仅就精神样式的类型来说，信心、信念、信从大致对应艺术、形上与宗教，其学问形态是美学、哲学与伦理。（参见查常平：《历史与逻辑：作为逻辑历史学的宗教哲学》，巴蜀书社 2007 年版，第 236 页。）更甚，若按在世态度来区别，种种信念体系可分为三类：对世界的道德形而上学态度，对世界的宗教解批态度，对世界的审美超脱态度。（参见刘小枫：《拯救与逍遥》，上海三联书店 2001 年版，第 74 页。）

75　乔荼波陀（Gaudapda）强调认识的四位说：醒位、梦位、熟睡位、第四位。

76　参见康德：《单纯理性限度内的宗教》，李秋零译，中国人民大学出版社 2003 年版，第 42 页。

态宗教的结构性区分显然与宗教的道德化相关，它暗示了一种社会自发的功能生产，即秩序和进步的综合。[77]蒂利希则与康德类似，他通过比较和理论性确信相关的批判性独立心境，区分了理论性的确信和生存性的确信（信念和信心）。其中，生存性的确信（或对信仰的确信）意味着一种强烈的激情和融入它所关注的对象，它反映的是一个人总体的生活姿态，能够在最深层次上给予一个人的存在以完整性、目的和意义，它是表达"终极充实的希望"的证据。生存性的确信不仅仅在理论性确信的意义上是可认识的，而是来自一种"个体自我的全身心的和专注的行动"，其中认识、情感、意志和行动的源泉都融为一体。[78]此外，除了理智的信仰，天主教又区别了绝对的信仰[79]（fides implicitus, implicit faith）、历史的信仰（fides historica, historical faith）和浇灌的信仰（fides infusa, infused faith）。其中，绝对的信仰意味着一种无条件的、缺乏个人决断的服从，其直接后果是，信徒会将伪信仰或非信仰当作真信仰，并按照这种信仰行事。与之相较，历史的信仰在大公教会传统中用于指称信仰事件的历史化，它代表着教会的传承，但新教徒赋予了这个词轻蔑的含义——信仰僵死在教会的管制中，信仰的历史即管制的历史。最后，浇灌的信仰最初指婴儿受洗时被给予的信仰，后来具有了"得获"的含义，即成为了得获的信仰（fides acquisita, acquired faith），或称信念（credulitas），它与个体信仰的历史起源相关。如基础神学家所总结的，信仰在形式层面是上帝的恩典、接近上帝的模式，在内容层面是信心（confidence）、信任（trust），在关系层面是理智的（因而是神学的）对象和（滑落或失落的）威胁，在历史层面是人们对福音的回应。[80]总体上，知识化、历史化的信仰类型描绘了信仰的整体（此处指大公教会）。

　　需要注意的是，信仰的结构化及其类型的区分在理解中是未完成的。若将外在信仰理解为时间性的或因果性的实有事件，那么按时间结构它可被分为信仰发生的前提、信仰的过程和信仰的结果，其中信仰的结果主要指现有宗教之现状，包括宗教经典的变更、宗教律法的施行、宗教社团的管理等；而若以

77　参见柏格森：《道德与宗教的两个来源》，王作虹、成穷译，贵州人民出版社2007年版。

78　参见唐纳德·Λ. 克罗比斯：《荒诞的幽灵：现代虚无主义的根源与批判》，张红军译，社会科学文献出版社2020年版，第182-183页。

79　或译含蓄的信仰。

80　参见 Matthew L. Becker, *Fundamental Theology*, London & New York: Bloomsbury Publishing Plc, 2015, p. 110, 169, pp. 19-20, 83-85, 112-115, 139-140, 252-253.

信众与神圣交通的作为的形式为标准，那么外在信仰可以分为苦修型、祭祀型、祈祷型等，此时它的结构在虔敬层面并立。在更广的方面，人们还可以根据信仰对象的数目的不同将其划分为一神论信仰、二神论信仰和多神论信仰，它与被崇拜者的结构相关；在文化层级上，人们又可以根据信仰实践的理性化、现代化程度将之分别为原始的信仰、初级的信仰和高级的信仰。信仰结构化及类型化的未定决定了宗教划分的局限性，后者与前者保持结构上的一致，因而也是解释性的。所以，无论是把宗教划分为自然宗教、艺术宗教（美的宗教）和天启宗教（精神宗教），抑或将其区别为先知型宗教、神秘型宗教和哲人型宗教[81]，甚或在结构特性层面将之分别为静态宗教和动态宗教[82]，宗教的结构和类型也在解释中开放。如斯马特（Ninian Smart）所言，从内容方面考虑，不存在一个简单的宗教定义，寻求这种定义的尝试是致命诱惑的，它使人缺乏识别力。[83]同样，寻求一种对信仰的绝对划分也是危险的，这种划分会拒绝那难以被类型化的事物，而这些事物恰好呈现出一种绝对的他性——悖谬、荒诞、激情与死亡，它们在本质上与神圣相关。

这样，人们称之为 ουσία 的东西在结构和类型的呈现中被唤起了，它要求后者表现出一种神圣的属性。在佛教中，这种神圣性表达为非贪、非嗔、非痴；诱惑和诋毁当面时，苦行、忍辱取代纵情、抗争的超越性反转自然发生。进而言之，已在文化中被世俗化、功利化的功德的根基本当是慈悲、无条件的给予，它不能被名声、业报和善果所累，因为后者只是随附的；同样，道教、佛教中代亲人布施、积善的作为与亚伯拉罕诸宗教中的赎罪券起着同样的功能，它们都旨在让神圣流转于信仰实践之中，而非充当财货或权力的媒介。如佛教所说，神圣之类比得以成立的根基是释迦去世间色这一"原型"，在基督教中，它被称为恩典的类比——信仰的要务显然是拯救我们。[84]唯其如此，信仰的结构才真正是功能性的。

总而言之，对信仰来说，ουσία 与 δομή 的相符体现在概念及其解释的互

---

81 参见秦家懿、孔汉思：《中国宗教与基督教》，吴华译，生活·读书·新知三联书店 1990 年版，第 105 页。

82 参见柏格森：《道德与宗教的两个来源》，王作虹、成穷译，贵州人民出版社 2007年版，第 64-162 页。

83 Ninian Smart, *Reasons and Faiths*, London: Routledge, 1958, p. 197.

84 参见雷蒙·潘尼卡：《宗教内对话》，王志成译，宗教文化出版社 2001 年版，第 74页。

文之中，在现象层面，这一相符表达为信仰是呈现自身的辨证事件。"'信'是人的自由及有意识的行为，符合人性的尊严"[85]，其结构要素在存在范畴的全部信仰事件之中具化，因而信仰的结构化正意指它的事件性。在此意义上，任何可被具体而系统地分析、辨别、解释、呈现的信仰都是信仰行动，且随着神圣的长久流溢和现象的不断衍生，由外在信仰而来的外在信仰行动成为宗教哲学的绝对的研究的核心。

第四节　宗教信仰的特征

一、特征与人格化认知

人们惯于将标示某事物与其他事物之间的差别，或突出事物内部某元素之独特的内容形式化，并称之为"特征"，这种抽象而概括的称谓让人不禁联想到那些难以被具象化却又有所呈现的事物：遗忘、恐怖、虚无、神圣。这些事物在言说的悖谬中特征化，而特征似乎就是其自身。就个体生命而言，意识的作用伴有一种"特征化渐显"的过程，这为特征与人格化的紧密关系提供了生理学上的解释。魏宁格建议用"涵拟"（henid）表示心灵活动的最初存在状态，即特征是涵拟的发展状态，它的终极形式是清晰的觉知或直观。[86]所以，人在向信仰敞开时讶异或震惊不仅是一种情绪上的感受，它意味着一种认知的逾越构成了人的领会。《由谁奥义书》载："识者不知'此'，不识乃识'此'"[87]，认知的隐约和模糊反而使特征具有了某些难以名状的合理性和明晰性。[88]此处，它是辨证的。而根据克尔凯郭尔的说法，这种信仰的辨证（或悖论）也可表达如下："存在着一种对上帝的绝对的义务，在这种义务关系中，个人将作为个体的他自己同绝对存在物绝对地联系在了一起。"[89]特征化大概就是这绝对地联系本身，它在将内容形式化的同时赋予了内容更多的含义；在这个意

85　《天主教教理》，中国河北信德社 2012 年版，第 48 页。

86　参见魏宁格：《性与性格》，肖聿译，北京联合出版公司 2013 年版，第 111-115 页。

87　《五十奥义书》，徐梵澄译，中国社会科学出版社 1995 年版，第 254 页。《圣经》亦载："没有寻找我的，我要让他们寻见；没有求问我的，我要向他们显现。"（《罗马书》10：20）。

88　在这个意义上，"宗教是一种内居而不是肯定"。（波兰尼：《个人知识：迈向后批判哲学》，许泽民译，贵州人民出版社 2000 年版，第 428 页。）全部宗教的观念和理想都在意会的构建内发生。

89　克尔凯郭尔：《恐惧与颤栗》，刘继译，贵州人民出版社 1994 年版，第 46 页。

义上，类比与爱相似，它们作为事件都自然生成关系，而关系构成了认知的基础。"爱是每个人行为中最早被信赖的基本形式，通过爱，其他事物成为自身的一部分，尽管他们仍保持自己的特点，却被假定为实现自我的前提条件，所有与爱相同的行为均被认为是非常有意义的。"[90]所以，诚如薇依所宣称的，"信仰的真正奥秘在于它们是荒谬的，但它们的奥秘性恰是那启明心灵并使之于认知明晰的丰富真理中生产的事物"[91]。因此，信仰不仅是超自然的爱，它同时是超自然的爱在自然之中的特征化表达。基于此，在人神关系方面，人格化作为特征的最鲜明形式，直接将信仰纳入人的本质中。[92]"人格仅仅实存于它的行为之实施中"[93]意味着：人格只在人格化事件之中生成。

在词源学上，人格化（personalization）来自于人格（person），它是人格的动词化，即"使……具有人格"。格者，框架之间。显而易见，作为一种抽象的人的品质的概括，人格即纯形式的象征本身。然而，人格并非一种固化的隐喻机器，因为它最早不指称抽象的人的本性，而是言喻那作为实物的面具，且尤指在舞台上表演的艺人所戴的面具，在拉丁语中，他被称为 persona。之后 persona 用于指代舞台表演中的人物角色，并最终用以表示人物角色具有的抽象的总体特征（包括个体的性格[94]、思维模式、言语习惯、行为方式[95]等），人

90　彼珀：《动物与超人之维：对尼采〈查拉图斯特拉〉第一卷的哲学解释》，李洁译，华夏出版社 2001 年版，第 168 页。

91　Simone Weil, *The Need for Roots: Prelude to a Declaration of Duties Towards Mankind*, Arthur Wills (trans.), London & New York: Routledge, 2001, p. 273.

92　传统说法习惯将神圣者视为人格的或超人格的（参见何光沪：《多元化的上帝观：20 世纪西方宗教哲学概览》，中国人民大学出版社 2009 年版，第 146-151 页），而信仰本身通常被忽视。

93　舍勒：《伦理学中的形式主义与质料的价值伦理学》，倪梁康译，商务印书馆 2011 年版，第 65 页。

94　有关性格和个体意志，麦独孤的看法是：意志是在活动的性格，而性格是具有指向性的意志倾向系统，它可能相对简单或相对复杂；其结构可能和谐也可能混乱，可能稳固也可能松散；可能指向更低或更高的目标。复杂、结构稳固、和谐并向着更高目标或理想的性格是最好的性格类型。（参见威廉·麦独孤：《心理学大纲》，查抒佚、蒋柯译，商务印书馆 2020 年版，第 509、537 页。）

95　根据古典行为理论，人的行为（the act of human）与人类行为（the human act）是不同的。前者一般指称生物体的功能、本能反应及随意活动，后者的含义则是有机体整体或局部的有目的的施为（参见林庆华：《论当代天主教新自然法学派的行为观》，《宗教学研究》2016 年第 3 期，第 196-201 页）。信仰作为人的行动在这两个层面都有所体现，二者皆是主体行为的表现要素，它们构成了"人的行动"的特征。

格的内涵由此完整。因此，人格化不仅意味着具有确切的类人之样态，还要遵循人格的深刻含义，即以人之面孔戏剧性地登场。作为行动或事件，人格化就是舞台上的演绎与表达。需注意的是，戏剧性登场并不意味着登场者要以引人注目或惊世骇俗的方式现身，因为在文学中，戏剧性指的是故事发展要有大幅的承转和接续；而按照哲人（如歌德、尼采、加缪）的理解，戏剧性就是人的根本生存样态——苦痛、挣扎与荒谬。"上帝之子死了，这当然应该被相信，因为这是荒诞的。且他被埋葬并重新站起来是肯定的，因为这是不可能的。"[96]正是这种荒诞和不可能孕育了信仰和盼望的伟大，它切实地反转了现实的悲苦，这不正是戏剧本身么？所以，信仰的人格化确实意味着其扮演特定的角色，具有特定的性情和品格，如人所感。弃绝、升高，喧闹、静谧，挣扎、蜷缩，安宁、无我，信仰的这些特征都与其人格化相联系。

外在地，人格化与人的形象相关。典型的论述莫过于圣经所记："上帝就照着他的形像创造人，照着上帝的形像创造他们；他创造了他们，有男有女。"[97]在字面上，这种形象的依照被理解为外形的相似，即 צֶלֶם 被理解为形象，它意味着人在视觉层面与其造物主保持一致。人格（位格）在基督教中被理解为"神圣在既有世界以类人形态的存在性显现"正是基于此。然而，这种解释毕竟过于具象化了，如黑人神学所宣称的，צֶלֶם 绝不代表肤色、民族、人种的性状，它喻指的是人类整体。[98]因此，צֶלֶם 更应该被理解为（偶）像或影子：前者的含义是神的属性具化为一种实相即人；后者认为神将自身的轮廓投射在地上，人仅具有神的外形，而没有其内在的灵性或灵魂——诸宗教的造人神话中，灵在后被单独赋予的独特性正在此。

因而，信仰的人格化应该在以下两重意义上被对应地理解，它并不呈现出一种样貌。一方面，如前文所述，信仰本质上是事件、行动而非实体，其人格化在形象之外意味着以类人的方式行动，而行动本身不是受造的；另一方面，拥有人的外形既不是人格化的充分条件也不是其必要条件，毕竟非人形的机器（如深蓝就是一组计算机）可以通过图灵测试，而人形的机器可能只是按照固定程序运行的扫地机，它们显然与人格化无关。此外，具有类人外形的实体

---

96 Tertullian, *De Carne Christi*, chapter 2, section 5. http://www.thelatinlibrary.com/tertullian/tertullian.carne.shtml, 2021.10.7, 20:00.

97 《创世记》1：27。

98 参见 James H. Cone, *Black Theology and Black Power*, New York: The Seabury Press, 1969; James H. Cone, *A Black Theology of Liberation*, New York: Lippincott, 1970.

如天使和魔鬼同样按上帝的形象被造，它们与人的关系不大，因而很难被视作人格化的表征。所以，人格化更像是一种存在的轮廓，它不要求视觉细节的重现。"面容[99]在表达中的形式具有其轮廓，这些轮廓的一成不变的敞开把这种打破了形式的敞开束缚在一种漫画式的形象中。因此处在圣洁性与漫画式形象之边界处的面容，在某种意义上仍委身给诸权能。但只是在这样一种意义上：那在这种感性中敞开的深度改变了权能的本性本身，权能因此不再能够去把握，而只能去杀死。谋杀仍然指向一种感性所予物，然而它面对的是这样一种所予物：这个所予物的存在不会被一种居有活动所悬搁。"[100]如此，神圣的轮廓才不断被涂抹。

此外，人格化又意味着距离在抽象的注视和观看中生成，其中，"典型"即被期待的理想。因之，宗教中的距离必须足够切近，它必须以生活经验的样态抵消这种理想的异质。"当信徒想把在宗教领域里赋予事物的那些意义和期望、凝合和深邃转用到它们具体近像的直接状态上去时，例如为了平庸的利益和日常的困苦期待'上帝的帮助'，这种帮助只在一种极其崇高的，涉及生命和命运之最深邃、最普遍的关系的意义上具有一种真正的宗教意义，那么他就似乎脱离了自己的风格。"[101]人与神圣者的距离在人格性的对话和交通中被拉近，而其表现形式即普通的信仰生活，宗教哲学反而做不到这一点；后者只在明察性的体会中将注视之目光贯通。

在形式上，人格化与拟人有相似之处，但二者要区别开来：后者是一种修辞，它与人格化并不等同。即作为修辞的拟人是一种文体中的表现手法，而人格化是一种关系范畴中类比事件，所以人格化可以在语言中展现为"拟人"这一修辞，但拟人永远无法成为人格化本身。换言之，作为修辞的拟人始终是言说性质的，是人的规范——故而舍勒将理性主义的本来面目表述为"拟人观"[102]；而人格化可以是非言说的，作为事件，它是类比关系的存在性具现。就基督教而言，在日常生活中，我们把一些类似人的性情赋予上帝，如说上帝"怜悯""慈爱""愤怒""施暴"等等，并认为这些都是上帝的属性。其实，它们

---

99 面容也可译作面孔。

100 （法）列维纳斯：《总体与无限：论外在性》，朱刚译，北京大学出版社2016年版，第182页。

101 西美尔：《哲学的主要问题》，钱敏汝译，北京师范大学出版社2021年版，第35页。

102 参见舍勒：《道德意识中的怨恨与羞感》，林克等译，北京师范大学出版社2014年版，第154页。

不是上帝自身的属性，而只能说是其行为的属性。换言之，这些和人的性情相似的属性是人在发现上帝的行为于人有益或有害时添附上的。例如，人由胚胎逐渐成人，并有抵御死亡和毁灭的功能，于是，"上帝就被说成是怜恤的"；世上有地震、洪水等灾害，"上帝由于这些行为被说成是'忌邪的''施暴的''愤怒的'，并且'怀怒'"[103]。这样，信仰的人格化显然区别于拟人所说的人格化——它不一定具有人的思想、感情和行为。[104]

事实上，按照逻辑学的原则，在人格的定义中本就不能出现"属人"之类的描述性语词，这是一种典型的同义反复，没有意义。丹尼特（Dennett）认为人格拥有如下六种内涵：理性、意向性行为、被承认是具有理性和意向性的行为者，具备承认其他人是具有理性和意向性的行为者的能力，自我意识，具备口头交流的能力，[105]这些属性和能力都未被声明唯独属人。因此，信仰的人格化不要求它具有人的感情、人的语言、人的动作，而是具有普遍的感情、语言、动作，具有意象、欲望、理性、性情、品德（品质），可以成为道德行为的主体。"原初唯一可以称为'善'与'恶'的东西，即在所有个别行为之前并独立于这些行为而承载着质料价值的东西，乃是'人格'、人格本身的存在，以至于我们从载体的立场出发便可以定义说：'善'与'恶'是人格价值。"[106]所以，信仰的人格化反对一种对人的单纯模仿，它可以体现独特的性情，但这性情未必属于人之百态。在印度教中，原质的情绪与信仰的人化表达类似，皆出自人的认知方式。《数论颂》曰："喜忧暗为体，照造缚为事，更互伏依生，双起三德法。……喜者轻光相，忧者持动相，暗者重复相，相违和如灯。"[107]德（以）喜、忧、暗为本质，并起照明、活动、抑制的作用。（它们）相互抑制、依附、产生和伴随。萨埵被认为轻妙而照明；罗阇激奋与冲动；多磨钝重加覆

103 傅有德：《犹太哲学与宗教研究》，中国社会科学出版社 2007 年版，第 98 页。

104 拟人意味着把事物（包括非生命、非人生命和抽象概念）类比为人，赋予人之外的他物以人的特征，使之具有人的思想、感情和行为。换言之，类比者要有人的感情、语言、动作，甚至要表现出与人相符的行为举止、姿势情态、语音语调。这样，除有外形容貌，类比者还可嬉笑怒骂、恣意张狂、疯疯癫癫、让人瞠目，直至神色自若、处之泰然。

105 参见 D. Dennett, "Condition of Personhood", in *The Identities of Persons*, A. Rorty (ed.), Berkeley: University of California Press, 1976, pp. 175-96.

106 舍勒：《伦理学中的形式主义与质料的价值伦理学》，倪梁康译，商务印书馆 2011 年版，第 63 页。

107 参见 CBETA 2022.Q1, T34, no. 2137, pp. 1247c13-1248a26.

障。如灯一般合目的性地发生作用。《金七十论》注释曰："喜为萨埵体，罗阇忧为体，暗痴多磨体，是现三体相。照造缚为事者，是三德何所作？初能作光照，次则作生起，后能作系缚，是三德家事。更互伏依生双起三德法者。"[108]此即信仰的情绪—人格化之典型。

在更为具体的道德方面，信仰的人格化看似无踪迹可循，实则早有先例。汉语中"信士"一词即是其表现。所谓信士，即信教之士，或布施之人。汉时称出财帛布施者为义士。宋太宗（赵光义）时，为避太宗之讳，凡义字皆改为信。始有信士之称。[109]《通俗编·释道》载："汉《曹全碑》阴：义士某千，义士某五百。义士盖但出财之人。今人出财布施皆曰信士。宋太宗朝避御名，凡义字皆改为信。今之信士，即汉碑所称义士也。"[110]由义转信，以信代义，信内含了追求终极美善的意味。[111]在"善男信女"中，善与信同义。善男信女，谓信奉宗教者。道教与佛教一样，称男性教徒为善男[112]，女性教徒为信女。[113]信仰与德义在人身上的结合正是信仰人格化的典型表达。于是，信仰的人格化不仅与现世道德[114]相关，而且指向终极的道德追求。如叔本华所言："人格化的形而上学可能是宗教的敌人，但是同样人格化的道德说教却是宗教的朋友。也许所有宗教里的形而上学因素都是错误的，但其中的道德因素则是真实的。这可以从所有宗教在形而上学方面都不一致，而在道德方面都同一得知。"[115]舍勒的说法是，"所有质料伦理学都使人格服务于它的本己（eigen）状态或它的异己（fremd）善业事物；唯有形式伦理学才能够指明和论证人格的尊严"[116]，人被立在终极之处了。在这个意义上，人与自然及一切居间者共有某种道

---

108 CBETA 2021.Q3, T54, no. 2137, p.1247, c13-20.

109 参见胡孚琛主编：《中华道教大辞典》，中国社会科学出版社1995年版，第504页。

110 翟灏：《通俗编》（卷二十），乾隆十六年无不宜斋刊本，第10页。

111 義，己之威仪也。从我、羊。古人把"羊"作为和善的象征。羊，祥也。《考工记》曰："羊善，也。"（许慎：《说文解字注》，段玉裁注，凤凰出版社2007年版，第258页。）

112 源自佛教，善男子。

113 参见胡孚琛主编：《中华道教大辞典》，中国社会科学出版社1995年版，第504页。

114 社会系统的功能和意义赋予规定了一种系统指涉——个体性人格，后者将关系蕴含在诸主体的自由行动之中。（参见尼克拉斯·卢曼：《作为激情的爱情：关于亲密性编码》，华东师范大学出版社2019年版，第385页。）

115 叔本华：《叔本华论说文集》，范进等译，商务印书馆1999年版，第247页。

116 舍勒：《伦理学中的形式主义与质料的价值伦理学》，倪梁康译，商务印书馆2011年版，第34页。

德的本性，有关人的譬喻可以十分恰当。例如，羊有顺服的品性，而顺服与信相关，基督教将世人称为羔羊，信从的原初含义由此表现出来。此时，羔羊、人、信仰共同构成了生命信仰的类比性承载，它促使人与自身的关系[117]外在化。而这种与他者相关的、由理性自然生发的类比，即精神深化[118]与道德扩展[119]的基础。

事实上，人格化在宗教中的运用首先体现在原始宗教[120]的自然崇拜中，那时人们把山川河流、日月星辰等自然之力视为神明的权能，把某种自然之力的运用看作某类神明的意志体现。因此，人格化的初始作用是认识对象，为对象建立一个整体的形象，这解释了为何早期神明的神圣性都是具象且外在化的：神圣（性）的外化即自然之力，它作为超人的力量被人格化为神明。与此同时，信仰行动也在认知层面人格化了，即人通常将神明构建成拥有大能却反复无常的权威形象，并因此服侍、奉承于神明。典型地，人以人之间的交往方式对待神明，希望通过献祭、牺牲、收买获得应有的报偿[121]，这一形式至今仍可见到。之后，人格化又拥有了认同的功能，即人们认为可被人格化的事物都是可沟通的，不可人格化的事物不可通达，而真正让人恐惧的事物就是不可沟通之事物——它既无法得到人的认同，也没法认同人，这种现象在鬼神崇拜[122]中可以看到。需注意的是，在初始的信仰崇拜中，鬼神的善恶并不重要，因为人能够以不同态度和方式对待善人和恶人，也就总能够以不同态度和方式对待善的鬼神和恶的鬼神。结果是，鉴于鬼神的异能，人总是希望通过贿赂、收买、献祭的

---

117 波纳文图拉在《独白》中描绘的灵魂与人的对话，即现实人与本有人（人的样式）之间的对话，也是人与圣灵之间的对话。而仅就信仰来说，它也是施受者与人格化了的真诚信仰之间的对话。（参见波纳文图拉：《中世纪的心灵之旅：波纳文图拉神哲学著作选》，溥林译，华夏出版社 2003 年版，第 52-121 页。）

118 只要事关具体的精神，人格就是精神的本质必然的和唯一的实存形式。（舍勒：《伦理学中的形式主义与质料的价值伦理学》，倪梁康译，商务印书馆 2011 年版，第 568 页。）

119 现代社会中存在的概率极低的、偶然的、不能解释为自然的可信赖性，即人格性的关系因素。它不需要以私人间相识为保障，并且其可能性的扩展不靠延展，而靠深化。（参见尼克拉斯·卢曼：《作为激情的爱情：关于亲密性编码》，华东师范大学出版社 2019 年版，第 54-55 页。）

120 或称自然宗教、原生性宗教（primitive religion）、分散性宗教（diffused religion）。

121 这一最普遍的信仰心理可被称为受生心，即所修所行都是为了来世生于人间或天堂的愿想。（参见陈兵：《佛教心理学》，陕西师范大学出版社 2015 年版，第 127 页。）

122 鬼与神严格来说是不同的实体，鬼指精灵鬼怪，神指神灵、至人。

方式在恶的鬼神处求得平安，而通过赞颂、祈求、侍奉的方式在善的鬼神处求得报偿，[123]此时人格化的信仰在总体上是社会性的，它谋求一种对话和商谈。再到后来，人格化发展成一种规范，诸事物可以按照人格化的标准分为属人的、非人的和类人的三种。其中，非人的事物意指自然界的无机物、动植物，属人的事物指称人类及其所有物，类人的事物则用来描述所有超越于人的神秘力量，无论其在价值层面是好是坏。这种观念在（原始的）自然科学兴起后尤为明显，但在现代自然科学体系中，类人的事物不一定超越于人，甚至不一定存在，人通常被置于价值序列的顶部。信仰的人格化此时已是规范的，它更多地从人的角度出发呈现信仰和诸神圣，而一切被类比者都在某种程度上随附。最后，人格化成为一种符号语言，即人格化明确将自己限定在人的概念范畴，不再承担规范诸神圣的作用。换言之，人格化发生了反转：人首先以自身为样本，将诸神圣视作人；后来则以诸神圣为样本，视自身为诸神圣之造物。信仰人格化回归到合适的样态，以行动或事件这一本质样态为核心进行自我阐述。结果是，信仰的人格化成为信仰的自为行动，它意愿以最符合人的方式呈现自身。

　　总而言之，人格化之历史恰是宗教之历史，信仰不在历史之外，它生成新的历史。如莫里逊（Samuel Eliot Morison）所言，"一切历史写作都是'一种信仰的行动'"[124]。诸宗教的应许者（应许之尊，the Promised One）的降临直接表达信仰人格化的普遍性：耶和华通过各宗教的先知向世人应许未来的显圣者；印度教创始人克利须那许诺神的化身阿瓦塔会现世；佛陀预言未来会有第五佛弥勒佛转世建立人间净土，即阿弥陀佛（Amitábha，"无量光"之意）的极乐世界；基督耶稣说自己或"另一位"会以"天父的荣耀"再来；伊斯兰教相信尔撒（耶稣）会再次降临，什叶派则相信隐遁伊玛目马赫迪会复临人间。不同宗教的诸神圣的化身和显化具有不同的时间维度、形象、具体内容，但祂们都是神圣性的在世表达，与存在范畴相接。[125]这时间，是神圣时间的开始，它允诺信仰在人格化中成就自身的历史。

123　娱神、打鬼（比如打如愿）、收买、互惠互利（比如保奏），都是为了一种有目的性的回应。一切福主信仰的财神化是其典型，物化神灵以及偶像崇拜的出现同样如此：那些流行的现代考神、雨神甚至带有吉祥寓意的器物、景观都旨在功效，除此之外，皆为虚无。

124　莫里逊:《一个历史学家的信仰》，载张文杰等编译:《现代西方历史哲学译文集》，上海译文出版社 1984 年版，第 259 页。

125　这意味着，若某位的再临无神圣性可言，那么它便值得怀疑；宣称只有某一位，也显得独断。

二、性情：信仰的即时性

如若视性为人之本，心为人之动，情为人之浮沉，性情自然指称人由内而外生发之事物。关尹子曰："情生于心，心生于性。情、波也，心、流也，性、水也。"[126]人之性情显然成为个体同一性（identity）的主要标志。因此，"性情大变"通常意指某人发生了彻底变化，此时"自我"的结构因境况的改变发生功能性的扭转。对个体而言，这一转变的发生是让人震惊的，它说明个体自我持存的内在规范受到影响；而作为同类事物内在差异的标记，性情之变显然意味新的主体（性）被生成。在人格化的层面，这种新的主体（性）被感知为某种交往情感或认知上的陌生，它将既有的交往关系重新扭转为他性的、主体间的，一种对象性、主客之间的认知或情感被瓦解了。在这个意义上，信仰的性情被理解为人对信仰的情感接受及回应，它不是规范而是描述，不是叙述而是告白。人在信仰中的领会，在情感的参与中，走向深刻。

此处需注意，即使有关信仰性情的描述主要是情感上的，来自主体交往的感受，难以得到客观层面的一致认同，但它不能被视为心理主义。因为按照心理主义的解释，任何情感化的外在表达都只是认知的现象，在根本上属人，而非独立的事件；但信仰的性情确是信仰这一事件或行动外在化的结果，它不仅呈现在人的认知中，即使人以情感化的方式做出了回应。所以，信仰的性情是诸神圣与人交往的情感化呈现，即人首先在信仰关系之中，继而放弃既有的关系与之重新交往，如此往复。

在关系的发生层面，渴求某事物并得到相应的回应，要求被渴求的对象拥有被给予的属性，且给予者拥有给予的能力。即若某人 P 渴求某物 A，A 属于 B（或 A 是无主物），那么 P 是否能够得到 A 在于（1）A 是否可获得；（2）B 是否能给予 A。[127]因此，渴求—回应事件的发生意味着某种主体间的相应，一如洛克所言，"我们的感官，在熟悉了特殊的可感的物象以后，能按照那些物象刺激感官的各种方式，把各种事物的清晰知觉传达于人心"[128]。可感与感知，显然如获得和给予一般，在主体间形成了某种同意。具体言之，"获得"有三种情况：社会关系的占有、不可占有物的被给予、不可占有物的分有。第一种主要指称物质财富和权力，第二种主要指称精神状态，第三种则主要包括

---

126 牛道淳：《文始真经注》，载《道藏》第 14 册，文物出版社、上海书店、天津古籍出版社 1988 年版，第 654 页。

127 给予不仅意味着转移，而且与生成相关，所以 B 可以是事件。此处，即信仰。

128 洛克：《人类理解论》，关文运译，商务印书馆 1959 年版，第 69 页。

自然秩序、（柏拉图意义上的）理念和神圣。人们在信仰中的渴求，与三者都有关联，其中财富、权力、荣誉等属社会关系，诸如平静、安宁、喜悦、欢乐属精神状态，永生、超脱、圆满则属理念和神圣。在人格化层面，人们对平静、安宁、喜乐、欢乐的追求正基于它们不可占有、只能被给予之上。此外，B 否具有给予的能力同样重要，而给予的能力可以相应地分为三种：转移、给予、分享，它们分别对应着既有物和既有关系的所有权的变换、潜能发展为实有、与更高级或更基本事物融为一体。这样，人在信仰中得到的事物就被分为了三类：由信仰转移的、给予的、分享的，而平静、安宁、喜乐、欢乐等显然由信仰给予，即由信仰生成。

于是，īmān 因产生一种在真主合适的关怀、怜悯和正义中的个人的安全感和幸福感而被视作平和温润的，恰如其是。平和温润于心浮气躁者而言代表一种神圣的超脱，它让心归于平静与安宁。基于同样的理由，人们对喜悦和欢乐的渴求也建立在信仰的给予之上，如阿恩特（Johann Arndt）所言，信仰是一种活跃的、精神的火化，凭着信仰，心被重新点燃、再生、由圣灵感动。[129]稍有不同的是，苦悲通常被认为是人的基本生存样态，因为"一切欲求皆出于需要，所以也就出于缺乏，所以也就是出于痛苦"[130]。对苦难和罪恶的超越虽造就了信仰活泼喜悦的形象，但它以有限的哀愁和无奈为基底。即使在克尔凯郭尔那里，一种战斗的激情替代了救赎的苦悲，信仰成为一种激涌的生命事件——"信仰的期待是得胜"[131]，它仍然具有某种无力感。毕竟，无尽的欲求之流其实是意义的填充与生存本能的结合，这大概是意义与虚无的最大一致性了。[132]

此外，不可占有物的分有在给予之外实现了一种关系的补全，这种不能被信仰给予而只能通过信仰被分享的事物直接与诸神圣关联。净土信仰宣称，念住阿弥陀佛，心无杂念，便能得天上极乐。这种信仰者在西方极乐世界中迎来的喜乐之盼望，在"极乐"中获得了超越了主体的快乐原则。[133]所以，建立在

129 参见 Johann Arndt, *True Christianity*, Peter Erb (trans.), New York: Paulist Press, 1979, preface。

130 叔本华：《作为意志和表象的世界》，石冲白译，商务印书馆 1982 年版，第 272 页。

131 Søren Kierkegaard, *Kierkegaard's Writings V: Eighteen Upbuilding Discourses*, Howard v. Hong & Edna H. Hong (trans.) & (eds.), Princeton: Princeton University Press, 1992, p. 19.这显然是一种荣耀神学式的表达，其中信仰被视为人之中的永恒力量。

132 叔本华：《作为意志和表象的世界》，石冲白译，商务印书馆 1982 年版，第 358 页。

133 弗洛伊德认为，在快乐原则和现实原则之外存在着强迫重复原则，而强迫重复原

分有之上的渴求的满足在根本上是关系的运动，它超越现实之物，与理念和神圣相关。在这个意义上，信仰作为给予者不能被视为乐善好施之富人，而要被视作普渡善给之贫者——它在一无所有中不断生成某种无名的善。概言之，分享神圣的信仰不仅给予形式上的满足（针对形式的不完整），同时给予本质上的超越（克服沉沦之本性），人由此得以成圣。

当然，由于信仰的奥秘性，其性情也可能反复无常。典型的表达是，人们在信仰中难有相同的体会和感觉，即使是同一人在相似的情况下祈祷、敬拜，此人的所知所感也多是迥异的。在特定情况下，这种反复无常还会演变为某种恣意妄为，它甚至被视为带有恶意的捉弄：当信众耗尽一切却杳无音讯时，以往信仰对人之渴求的恰如其是的回应，真正成为最大的讽刺。所以，信仰确实多变，作为行动，其每次呈现都是当下且独立的，它要求属于事件的实在性和唯一性；而从结果上看，信仰凭喜好行事，它既可以在人绝望时给人希望，[134]又可以在人绝望时让其堕入深渊，因此人对信仰的感觉会随着所处境况的不同而发生变化，且这变化可能是颠覆性的。如西美尔（Georg Simmel）所言，"信仰是个体赋予客观宗教内容的能力，客观宗教的形式源自个人的宗教性"[135]，它与人的深刻体悟根本相关。

然而，需要注意的是，这种性情上的反复无常不能被理解为言行上的自相矛盾[136]即出尔反尔，因为信仰本身并不追求一种无意的混沌或有意的翻转，其作为并不在彰显神圣的权能——即使此观点在自然宗教中盛行。事实上，宗教实践中信仰性情在严格狠厉与温柔多情之间的变换与个体的长久忍耐和虔敬相关，它并不暗示某种预定的命运。换言之，拯救的终局在盼望与忍耐中最终

则意味着生死本能之轮回。（参见 Sigmund Freud, *Beyond the Pleasure Principle*, James Straghey (trans.) & (eds.), New York & London: W. W. Norton & Company, 1961.）在宗教中，这种强迫重复原则表达为信士在陷入沉沦与回归神圣中的辩证运动。

134 人试图通过说明局势的"无出路"来挽救他的人性。他对此的反应中表现出绝望的勇气，这是一种自己承担绝望的勇气，也是用作为自我而存在的勇气去抗拒非存在所包含的巨大威胁的勇气。每一个分析目前存在主义哲学、艺术和文学的人，都能表明这些东西结构上的模糊性。（参见蒂利希：《存在的勇气》，成穷译，贵州人民出版社 2007 年版，第 83 页。）

135 Georg Simmel, *Essays on Religion*, Horst Jürgen Helle & Ludwig Nieder (trans.) & (eds.), New Haven & London: Yale University Press, 1997, xiii.

136 "情怀、气质和信念是相互维系的。某种情怀和气质使人更容易相信某种信念，某种信念又反过来深化这种情怀和气质。"（刘小枫：《拯救与逍遥》，上海三联书店 2001 年版，第 329 页。）

降临。所以，一方面，即便是被青睐、有所成就的信士，若无法保持信仰的纯净，生出大意和懈怠，也会受惩罚或被抛弃；另一方面，即使身体和灵魂经受长久的磨砺和苦痛，那虔诚的信士也可领会信仰的柔情。如诗所云，"我的佳偶在女子中，好像荆棘里的百合花"[137]，严格狠厉与温柔多情成为一种神圣持存的辨证。除此之外，复刻和模仿也不能作为信仰的标准评价，甚至感觉本身也不是复刻和模仿的，它拒绝一种信仰感受的永恒。在这个意义上，人苦恼于信仰的无常是人的有限领会之必然，但这领会本身是一致的，它不断探求信仰中的未知之物。

三、品德：信仰的稳定性

在论述道德时，麦金太尔介绍了道德的情感主义学说，它是一种（自称）对所有价值判断做出说明的理论。根据这一学说：所有的评价性判断，尤其是所有的道德判断，就其具有道德的或评价性的特征而言，都无非是偏好、态度或情感的表达。其中，一个具体的判断可以将道德要素与事实要素统一在一起。"损毁财产的纵火是不道德的"，这句话就是事实判断"纵火损毁财产"与道德判断"纵火是不道德的"的统一，并且在这样一种判断中，道德要素与事实要素总被截然区分开来。事实判断或真或假，在事实领域存在着一些合理的标准，这标准确保人们在何者为真、何者为假的问题上达成一致；而表达态度或情感的道德判断既无真也无假，道德判断中的意见统一并不由任何合理的方法来保证，因为根本就没有这种方法。相反，它完全是由对持不同意见者的情感或态度造成某些不合乎理性的影响来保证的。人们使用道德判断，不仅在表达自身的情感和态度，而且恰恰要对他人造成这样一种影响。[138]

尽管麦金太尔对这种学说做出了批评，认为其主要欠缺之处在没有于个人偏好的表达与评价性的表达之间做出区分，且把道德表达的意义与使用看作两种彼此迥然不同的东西，但情感主义仍然保留了某些对话伦理而非道义论的合理性。在交往方面，通过偏好、态度或情感的表达对他人造成一定程度的影响即进行道德评价，而这种评价本身是一种主体的行动，它将主体的意志延展到公共空间中。因此，讨论信仰的品德，就是在道德范畴评价信仰；正如

---

137 《雅歌》2：2。
138 参见麦金太尔：《追寻美德：道德理论研究》，宋继杰译，译林出版社 2011 年版，第 14 页。

人在信仰中体会并在分离时回想信仰的性情一样，人首先在信仰中做出道德判断，而后在与其分离的状态下评价信仰的德性。在这个意义上，品德作为人与信仰在道德实践中的再相遇是认知性的，它与性情的情感体会不同，这种认知决定着人是否继续坚持信仰的行动。换言之，信仰的性情侧重及时的理解和感受，而品德则呈现信仰的运行轨迹，它在道德的历史化层面提供了一种保证，因而品德可以作为内在价值规范之描述得到承认。这样，性情多呈现为主观的描述和积极的交往，而品德在客观的描述和消极的交往中与道德行为的延续或道德原则的服从相关。需要注意的是，承认信仰具有品德并不意味着信仰始终被定义为善，因为道德败坏者更喜欢和道德败坏者交往，"物以类聚，人以群分"揭示的正是一种交往主体的内在吸引。在这个意义上，品德作为主体按照道德准则行动所表现出来的稳固的倾向与特征，是一种无容纳的器具。

然而，信仰未能生成稳固的道德结构并不意味着信仰与道德行动无关，作为特征的结果，人格化将信仰和道德联结在自然的道德评价中。换言之，信仰一旦被评价，它就内在地流露出某种道德价值，而这价值不仅促进信仰长久发生，它同时以道德上的肯定作为自身的见证。所以，道德因认知促进信仰，巴尔塔萨（Hans Urs von Balthasar）由此将信仰类比地理解为一种神圣的品德。他解释说："在上帝之中的信仰，与不可否认的知识和谐同在，而非被后者吞没，因为准许他人自由的爱总是提供给他人某些超越其认知的事物。这些事物拥有绝对独特的源头，从那一位的隐秘深处奔涌而出并与他者的隐秘深处交通。"[139]即信仰不仅可被视作品德，其神圣性更是展现为内容上的多元和隐秘。因此，面对信仰所表现出的诸多德性，人们应将之视作道德舞台的演员，而非实质性的道德规范，它重在描述而不是确定某些事情的价值。

当然，如果人们按照亚里士多德的方式理解"善"的话，信仰的品德总体而言是好的。亚里士多德认为，"每一种活动、每一种探究、每一种实践都旨在某种善；因为我们用'善'来意指那种为人类本性所趋的目的"[140]。在宗教中，信仰显然具有类似的指向，如《圣经》所言，"人子来是要寻找和拯救失

---

139 Hans Urs von Balthasar, *Theo-Drama: Theological Dramatic Theory*, Vol. 5, Graham Harrison (trans.), San Francisco: Ignatius Press, 1998, p. 97. 斯派尔（Adrienne von Speyr）的观点与之类似。

140 麦金太尔：《追寻美德：道德理论研究》，宋继杰译，译林出版社 2011 年版，第 187 页。

丧的人"[141]，这种对苦难和罪恶的内在或外在的远离都对人类的本性作出了某种说明。扩而言之，佛教认为慈爱众生并给与快乐（与乐）为慈（maitrya，maitrī）；同感其苦，怜悯众生，并拔除其苦（拔苦）为悲（karuṇa）；二者合称为慈悲。佛陀之悲乃是以众生苦为己苦之同心同感状态，故称同体大悲。又其悲心广大无尽，故称无盖大悲（无有更广、更大、更上于此悲者）。慈悲指向某种共在的救度。道教宣称生乃道之德，《道德经》言，"天道无亲，常与善人"[142]，善之所与即信仰之所向。所以，信仰的品德确实与某种善的追寻或发扬有关，但它并不止于此。因为在根本上，美德作为一种中介是要被神圣超越的，在完成导向的任务后，那种价值的区分和特征化的呈现都被取消了，它最终仍是属人的东西——因而一时的善恶具现是无关紧要的。诸神圣是否有人格、是否有品德的难题从来都未有答案，但在其信仰的显现中，一种被描述而非被规范的人格特征——性情、品德等——为人们所接受。结果是，善作为更好（to be better）或诸神圣在价值层面与人亲近是恰当的，此时神圣在关系中的超越作为一种根本善存在。这同时意味着，信仰的品德并非一种拟人的道德猜想或预设，因为神圣的（也是属人的）历史道德化于人而言是一种必然。换言之，解构与现实的历史关系在宗教层面以暴力的方式呈现并不意味着信仰具有败坏的德性；[143]与之相反，作为一种他在，良善的品德使真正的信仰从交织的俗世诸象中澄明出来。在这个意义上，宗教暴力作为诸现象中的一种，是无法被预设价值判断的，它只在信仰被澄明之后发生。神圣的智慧性在此表达为道德上的反省。

在宗教实践中，人们倾向于按照某种良善的愿望将信仰事件（首先是虔信之人）看作圣洁的。如《罗马书》中说，"这样看来，律法是圣的，诫命也是圣的、义的、善的"[144]，按此律法和诫命行事自然被视作一种圣洁的信仰的行动。然而事实上，对于信仰这一事件而言，被称圣洁仅在信仰留存神圣（性）这一状态实现时成立，其现象性呈现，尤其是宗教中的诸象，并不受神圣或善的事先规定。一方面，外在信仰没有简单而纯粹的标准形式，其呈现总参杂着

---

141 《路加福音》19：10。
142 老子：《道德真经》，载《道藏》第 11 册，文物出版社、上海书店、天津古籍出版社 1988 年版，第 481 页。
143 参见 J. Harold Ellens (ed.), *The Destructive Power of Religion: Violence in Juaism, Christianity, and Islam*, Westport: Praeger Publishers, 2004.
144 《罗马书》7：12。

畸形的崇拜和异变的仪轨，它无法像本真信仰或内在信仰一样保持一致；另一方面，诸多非信仰的行动以信仰的名义污蔑、隐匿神圣，导致信众对真实的诸神圣和信仰充耳不闻，反而深陷异术和魔法的诡秘之中。所以，存在范畴的信仰的道德化是染浊的，按佛教的说法，此污浊是生活世界之本性（色），它由人之无明所致。这同时意味着，宗教实践中种种非信仰的作为虽不是信仰的行动，但其存在是基底性的，它孕育着真信仰的生成。换言之，生活世界的多变和自由之本性不仅不应受到批评，反而应当受到重视，因为它们为信仰的发生奠定了基础，且为人与诸神圣的交通提供了可能。所以，信仰的染浊与其圣洁并不相悖，当这圣洁由内而外透出时，信仰在自由中走向敞亮。

基于同样的理由，信仰的忠诚与放荡可以被恰当地理解。当人们将信仰表现出的不稳固倾向——流变——在品德方面人格化为放荡时，那对固有传统的坚守和顺服（如笃信和虔敬）就成了忠诚。具体而言，信仰可以在不同人面前呈现不同的品德：对固执之人怀柔，对肆淫之人无情，对怯懦之人坚硬，对愚笨之人轻灵。它可以放浪形骸，亦可以沉稳庄重；它可让聪慧之人愚笨，亦可使纯净之人机巧。在化勇猛为莽撞，度良善为凶恶中，信仰性情上的无常呈现为品德上的放浪，但如前所述，这种多变并不在神圣之外自治，所以它在根本上与忠诚并不冲突。因此，忠诚所要求的对特定神圣（或权威）的支持和顺服以及对传统的遵守都在具体的信仰实践中被接受，毕竟信仰是个体性的，而所谓品德也是与个体相关的评价。换言之，信徒本人只能评价自身参与、体会到的信仰实践，而不能藉此评断他人对其信仰的体会和知悟。所以，诸宗教的信徒，凡虔诚者都不会认为信仰本身是不忠的，在这个意义上，多元信仰中的忠诚与放浪共在。而忠诚本就不意味着对象的唯一，它是主体于意向本身的坚守。[145]

除此之外，信仰仍有许多品性，如信仰对人的看护和治疗便可称为疗愈的。信仰的疗愈作用与信心、信念、信从都相关，[146]且尤以信心、信从为甚。

---

145 有关信仰与忠诚的心理学解释，可参见 E. H. Erikson, *Insight and Responsibility*, New York: Norton, 1964, p. 125.

146 "我们可以认为，信仰的疗救之力与整体人格相关，它独立于任何身心上的特定病症，却在生命的每个时刻发挥着或积极或消极的作用。它存在于其他所有疗救活动之前、之中或之后。"（保罗·蒂利希：《信仰的动力》，钱雪松译，中国轻工业出版社 2019 年版，第 126 页。）在一种与宗教相关的信心医治运动中，社会匮乏理论发生了重大作用。

在印度教的瑜伽修行中，人通过对阿克夏（akasha，空）的专注，完成普鲁沙（puruṣa，自我）与自在天这特殊普拉那（prāṇa，能量）的交通。表达为修行的外在信仰，由此通过自我疗愈，补全了人与世界的根本差异——灵性的被遮蔽。"疾病、精神懒惰、疑虑、缺乏热情、懈怠、执着于感官快乐、错误感知、无法专注，以及从已获取的状态中堕落，这些都是引发分心的障碍。伴随着无法持久专注的是悲伤、精神苦痛、身体震颤，呼吸不规则。要治愈在（障碍），（就应当）专注于一个对象的展开练习。"[147]信心中，心意（或称末那，manas）达致平静的喜乐；信念中，灵魂达致正知的专注（samadhi，三昧、三摩地）；信从中，身体纯化致无质无形。由此，人整全地完满于信仰的行动。

与此同时，信仰也是勇敢的。勇敢的意味是："关于生命的充实内容、关于爱的无量的丰富性的决断的信心只存在于一个能承担起全部人性在自身内的人的情感里。"[148]这情感即回转至人深处的信仰关系。按照蒂利希的说法，"如果信仰自身被理解为一种冒险，那么，一个信仰共同体的生命历程就是持续不断的冒险"[149]。冒险的行进需要勇气，终极关切就是终极的冒险和终极的勇气。终极本身既非冒险亦无须勇气，但是，如要对一种具体的关切做出肯定，那么这种肯定就是一种冒险，因而也要求勇气。"而每一种信仰自在地就拥有一种具体因素。它总是关切着某物或某人，但这某物或某人有可能会被证实为根本就非终极的。如此一来，信仰在其具体表达上就是失败的，尽管它在对无条件者本身的经验上并没有失败。神祇消失，神性依旧。信仰信靠的是具体的神，但信仰要肩负这一神祇终会消逝的风险。随着这一神祇的消逝，这位信念主体很有可能会崩溃，再也无法用新的终极关切来重新确立他的中心化自我。这一种风险是不可能从任何一种信仰行为中予以消除的。"[150]

总而言之，将神圣解释为有意义的品质以及与神话相关的个人实现的中介，使得对宗教的诸多符号作出开放的回应成为可能。它允许我们把宗教主要看作是符号化过程中的一种强力性质——这种品质可以这样表达，它因此作为积极的宗教而产生。[151]换言之，神圣的符号性具化并不掩盖其开放特征，因

---

147 参见斯瓦米·辨喜：《胜王瑜伽》，曹政译，商务印书馆 2019 年版，第 129-131 页。

148 黑格尔：《黑格尔早期神学著作》，贺麟译，商务印书馆 2016 年版，第 369 页。

149 保罗·蒂利希：《信仰的动力》，钱雪松译，中国轻工业出版社 2019 年版，第 33 页。

150 保罗·蒂利希：《信仰的动力》，钱雪松译，中国轻工业出版社 2019 年版，第 21 页。

151 参见 Wilhelm Dupré, *Religion in Primitive Cultures: A Study in Ethnophilosophy*, Paris: De Gruyter Mouton, 1975, p. 139.

此，宗教确实应该体现为见解和信仰的自由表达。更进一步，符号的开放和多样也不因人们的认知与否而有所改变，只要神圣存在，那么符号的多样解释便不会消亡，在特征层面，它人格化为信仰的性情和品德。塔木德载："上帝的宝座面前有七种品质：虔信、正直、公平、善良、慈悲、真实，以及和睦。"[152]这些品质既属于人，又属于信仰。

四、身体与灵魂：信仰的外在性与内在性

在前文中，我们已将形象视作一种存在的轮廓，把性情视为一种体验及其回应构成的空间关系，同时把品德看作一种无容纳的器具。此三者结合，某种承载存在的感知空间被生成，此即身体。根据梅洛-庞蒂的说法，"关于身体本身，我们第一次发现了对所有被感知物体来说都是真实的东西：空间的知觉和物体的知觉，物体的空间性和物体的存在不是两个不合的问题。笛卡尔主义和康德主义的传统观点已经告诉我们这一点；这种观点把空间的规定性当作物体的本质，指出在部分之外部分的存在中，在空间的分散中，有自在存在的唯一可能意义。但是，这种观点用空间的知觉来解释物体的知觉，而身体本身的体验则教导我们把空间扎根于存在中。理智主义清楚地看到，'物体的原因'和'空间的原因'是相互交织在一起的，但却把前者归结为后者。体验揭示了在身体最终所处的客观空间里的一种原始空间性，而客观空间只不过是原始空间性的外壳，原始空间性融合于身体的存在本身。成为身体，就是维系于某个世界，我们已经看到：我们的身体首先不在空间里：它属于空间"[153]。身体的空间性是身体的存在的展开，身体即身体实现的方式。

因此，人们再难以把信仰及其承载物区分开来，信仰的承载物正是其身体，而这身体是共在的。在关系范畴，人们将事件空间化，时间成为身体性的，它被称为历史；而当这种空间的关系延展开时，它成了道与说，即那被存在符号承载之物。[154]所以，在根本上，信仰的现象构成了一个病体，它把宗教中的

---

152 亚伯拉罕·柯恩：《大众塔木德》，盖逊译，山东大学出版社 2004 年版，第 91 页。

153 梅洛-庞蒂：《知觉现象学》，姜志辉译，商务印书馆 2001 年版，第 196 页。

154 这种符号性的展开可以佛教的遍计所执理解。遍计所执性，梵语 parikalpita-svabhāva，乃唯识宗所立三性之一。又称遍计所执相、分别性、分别相、妄计自性、妄分别性。略称遍计所执、计所执、所执性。凡夫於妄情上，遍计依他起性之法，乃产生"实有我、实有法"之妄执性。由此一妄执性所现之相，仅能存于妄情中，

诸象看成了自己的身躯，但这种视角是颠倒的。"疾病感缺失患者把自己的胳膊说成是一条冷冰冰的'长蛇'，确切地说，他们并非不知道自己的胳膊的客观轮廓，尽管病人在寻找自己的胳膊时却无法找到它，或系住自己的胳膊不让它丢失。病人知道自己的胳膊的位置，因为他就在那里找自己的胳膊和系住它。然而，之所以病人觉得自己的胳膊的空间是外在的，之所以我通常撇开的感官的证据，觉得我的身体的空间是巨大的或极小的，是因为有一种客观的空间性不是其充分条件（如同疾病感缺失所表明的），也不是其必要条件（如同幻肢所表明的）的感情的呈现和延伸。"[155]基于此，在神圣者的身体（世界）和信仰个体的身体（肉体）之外，一种综合性的信仰的无器官的身体[156]被凸显出来。

具体而言，在这身体中，个体信仰者、信众、神职人员、宗教领袖的实在躯壳都作为信仰的身体的要素被吸收，它们以生命体验和领会的方式诠释神秘的内在经验；与此同时，非生命（如圣典、教义）和超生命的身体（天使）被符号化、具象化为某种物质的实在，它们经由知觉成为感官和理智的认知对象。在这个意义上，信仰的身体是结构性的，但这结构并未生成某种器官的性质，它仍处于特征化的状态，所以身体与神圣的流溢根本相关。当然，这不意味着诸神圣必须以人格化的方式呈现，此观念备受争论，比如在犹太教和伊斯兰教中，神圣者就无形无质。"为了在利用上帝内在于世这一信念的同时避免产生上帝位于某处这样的暗示，拉比们创造了一些术语来表达神的存在而又不至于支持神有形体这一观念。其中最常用的术语就是舍金纳（Shechinah），其字面意思是'居住'。[157]它指的是上帝在世界这个舞台上的显现，尽管他居住在遥远的天上。正如天上太阳的光芒照亮地上的每一角落一样，上帝的光辉在任何地方也能被感觉到（sanh.39a）。"[158]这种非人化的表述形式旨在让人领

而不存于实理之中，故称"情有理无"之法、"体性都无"之法。此种分别计度之妄执性乃周遍于一切境者，故以"遍计"称之。（参见《佛光大辞典》，佛光大藏经编修委员会主编，佛光文化 2014 年版，第 7150 页。）

155 梅洛-庞蒂：《知觉现象学》，姜志辉译，商务印书馆 2001 年版，第 196-197 页。

156 "无器官身体"（corps sans organes, body without organs），来自德勒兹与加塔利，意指身体不再需要器官与器官的黏滞，它摆脱了有机体的束缚，表现为各个领域自由发生的身体状态。（参见德勒兹、加塔利：《资本主义与精神分裂：千高原》，姜宇辉译，上海书店出版社 2010 年版，第 206-230 页。）

157 基督教将人称作上帝的殿，也有此义。"难道不知你们是上帝的殿，上帝的灵住在你们里面吗？"（《哥林多前书》3:16）

158 亚伯拉罕·柯恩：《大众塔木德》，盖逊译，山东大学出版社 2004 年版，第 49 页。

会神圣者的超越本性，但事实是，尽管拉比们坚持上帝无形这一看法，拉比文献中仍然包含了无以计数的，惟妙惟肖地把人的品性赋予上帝而令读者吃惊不小的字句。上帝被描述成佩戴护身符（Ber.6a），身着晨祷披巾（R. H. 17b）；上帝对自己祈祷，并且每天花三小时研习《托拉》（A. Z. 3b）；他创造的生灵溃败时，他为此而哭泣（Chag. 5b），以及诸如此类的脾性等等。同样，上帝做出过一些值得称颂的人类行为。他饶有兴致地参与亚当和夏娃的婚礼，担当男傧相的角色，替新娘做发辫，并为其打扮梳妆（Ber. 61a）；他去探望病人，抚慰遗属，并且安葬死者（《大创世记》，8：13）。无论对这些段落作何解释，我们都不能断言这些作者相信上帝具有形体并确实从事了所赋予他的这些活动。谢克特（Solomon Schechter）把这些段落解释为"赋予神以人的品质和特征，使其人格化，从而让人更容易接近上帝"。[159]事实上，信仰的人格化与诸神圣的人格化意义大为不同，前者是中介性的因而不规定神圣者本身，它是一种身体的言谈与交往，同人的流动的气与血相关；与之相比，后者是生产的、塑形的，一旦它被实体化为骨与肉，诸神圣就会面临衰败和死亡的风险，它内含身体的病变。所以，只在身体现象的意义上，这种诸神圣的人格化才能被接受：在极大和极小之间，信仰的身体中和了感觉的幻想和冷漠。

有趣的是，身体作为信仰的承载物，其外部的完整并不意味着它能真正地承载信仰。身体有所容纳，但这被容纳物不能被视为某些器官的性变，也不能与其他污秽之物混杂。所以，身体性的信仰需要一种内在维度的补充，那被身体排斥的器官的功能以先在的方式聚合为生命的动力，它被称为灵魂。[160]在这个意义上，身体的残缺是一种未定的病症。如艾布拉姆斯（Judith Abrams）所言，"若一个人的残缺并非生而有之而是后天得来的，那么这残缺便是上帝审判的结果；但若人生而残缺，那么这些人只是上帝的多样造物的一部分"。[161]对残缺的两种截然不同的态度——杀婴和心怀感激——都与特定的宗教信念

---

159 参见亚伯拉罕·柯恩：《大众塔木德》，盖逊译，山东大学出版社 2004 年版，第 9 页。

160 出于一种比较哲学或比较神学的考虑，此处未使用伦理学上传统的"心灵"概念来对应"身体"，由于"灵魂"在各宗教中都有所表述，故而此处更为合适。在认知的层面，灵魂可被称作"神的殿"，在佛教中可以理解为人的第七识（末那识）和第八识（阿赖耶识），因为它们所指的都是信仰的潜能和神圣的临在共享之地。

161 J. Z. Abrams, *Judaism and Disability: Portrayals in Ancient Texts From the Tanach Through the Bavli*, Washington, DC: Gallauder University Press, p. 119.

相关，[162]但无论如何，只要这身体（整全或残缺的）能够承载信仰，那么它便具有信仰的德性。平常意义的聆听和传讲作为身体的功能与人的智性——进而与神圣的智慧——相关，身体某一功能的缺失并不代表智慧在此间永久沉默，毕竟身体的结构功能即灵魂先在。因此，除非自我深陷无明之中，有缺（封闭）或有余（如神通）的八识，都对信仰敞开自身。

这样，身体和其所处世界的本性是一致的，它保持其现实实有；而灵魂一旦打开超越的向度[163]——这种超越是可知的、具象的，那么"人与天使一样有智慧，与天使一样有竖直的躯体，与天使一样用神圣的语言交谈"[164]。在类型上，此世的身体（极大的或极小的）被称为躯体，它们是历史之中的可朽物，灵魂于此并不完全契合；而灵体和圣体是人格化的极端形式，它暗示着某种象征的终结，但灵魂与身体此时合一。换言之，灵体是属天使或圣灵的，它直接呈现一种灵魂的他性或异质性，这种他性或异质性与神圣相关；圣体则直接由诸神圣而来，它既可以人形之火，也可以漫天的大光显现，亦可以只有声音、没有形象。如果人们将古代神话中的诸英雄或神明称为神圣，那么诸神圣不仅是具象的，而且拥有实在的肉身。这些信仰的、超信仰的身体在人格化中将神圣存在化，相应地，人与诸神圣的交通（通神）即灵魂。

基于此，身体与灵魂的不一致或不协调被显露出来：作为事件，信仰的现象并不意涵某种特定的结果，而灵魂却是这种靠近神圣的趋向本身，它预设了某种未定的生成。俗语"人投错胎"所指的正是这种身体与灵魂的分离：有趣的灵魂被困在枯燥的躯体中，而肮脏的灵魂却得以拥有好看的皮囊，它是赤裸裸的讽刺。这种讽刺在宗教实践中表达为，规模宏大、气势壮阔的信仰（比如在恢弘的圣殿中礼拜、参与大规模的集会）不一定能通达诸神圣，遵循惯例的日常宣告反而更能深入其中。当然，这一情况可能完全相反，即虔信之人始终无法与诸神圣交通，而不够虔诚者却在特定时刻突然觉悟；抑或在正常状态下无法认信的信徒，凭着狂热和疯癫真正沉浸到信仰之中。所以，信仰的灵魂确

---

162 在大多数原始宗教和古希腊社会里，放弃残疾的婴儿是一种惯例。详见 Darla Schumm & Michael Stoltzfus (eds.), *Disability in Judaism, Christianity, and Islam: Sacred Texts, Historical Traditons, and Social Analysis*, New York: Palgrave and Macmillan, 2011.

163 躯体的主要功能是保持实体的现实实有，本身具有超脱的可能（比如道教之成仙，基督教之复活）；灵魂的主要功能是打开超脱的可能，同样具有维系现存实有之功用。

164 《塔木德》，塞妮亚编译，内蒙古人民出版社 2003 年版，第 26 页。

实是未定而隐秘的，沉浸其中正如在黑暗中前行。但是这些都不能否认信仰的灵魂的实在性，因为灵魂收束着神圣的流溢，它真正地悬置作为现象的身体。换言之，信仰的身体和灵魂的不一致正是人格化这一形式的根本规定，它在类比中将特征与特征化差别开来。

质言之，若信仰的告白是"我信"而不是"我信……"，那么信仰的行动不是癔症就是操纵，此时它是纯身体性的。这同时意味着，灵魂主动参与信仰，必须作为信仰实践的基础。在强调修炼的宗教中，灵魂的状态格外受到重视，如瑜伽派八支行法中，尼夜摩（niyama，劝制，或译内制）一项，就要求修行者"念神（isvara pranidhana）"，虔信自在天，奉献一切；而等持（三昧，三摩地，samadhi）是瑜伽八支中的最上位，《瑜伽经》将之描述为"三昧可（仅使）其物件发出光辉，（自我认识的）本性似乎不存在"。对此，毗耶裟注释说："当三昧的物件整个占据了心时，三昧仅发出三昧对象的形态之光，而且自我认识的本性似乎不存在。这就被称为三昧。"[165]换言之，当修炼达到三昧的境地时心变为空了，此时仅有对象（境）的光辉（rthamara nirbhasam）存在。心与境合为一体，两者之间再无差异，身体与灵魂真正相融于瑜伽行之信仰。

---

165 参见伯曼、徐大建、张辑：《古印度六派哲学经典》，姚卫群编译，商务印书馆2003年版，第202页.